SIETE PASOS HACIA LA SABIDURÍA

MÓNICA ESGUEVA

SIETE PASOS HACIA LA SABIDURÍA

Un camino hacia la plenitud

Urano
Argentina – Chile – Colombia – España
Estados Unidos – México – Perú – Uruguay

Título original: *The 7 levels of wisdom*
Editor original: Mantra Books, un sello de John Hunt Publishing Ltd.
Traducción: Mónica Esgueva

1.ª edición: febrero 2025

First published in the UK and USA in 2024 by Mantra Books, an Imprint of John Hunt Publishing Ltd., renamed in 2023 to Collective Ink Ltd.
https://www.collectiveink.books.com

Plaza de los Reyes Magos 8, piso 1.º C y D – 28007 Madrid
www.edicionesurano.com

ISBN: 978-84-18714-79-5
E-ISBN: 978-84-10495-23-4
Despósito legal: M-26.365-2024

Fotocomposición: Urano World Spain, S.A.U.

Impreso por: Rodesa, S.A. – Polígono Industrial San Miguel
Parcelas E7-E8 – 31132 Villatuerta (Navarra)

Impreso en España – *Printed in Spain*

Índice

Este libro está dedicado a Carlo,
el amor de mis vidas

Introducción

> «La consciencia está creciendo, y las búsquedas del espíritu y el corazón se están expandiendo. A pesar de la agresividad de la consciencia vieja y obsoleta, una nueva comprensión está trazando su camino.
>
> Todas las presas solo pueden contener temporalmente esta corriente, y será mucho más poderosa cuando se abra paso».
>
> **Helena Roerich**

Aunque cada ser vivo es de alguna manera consciente, solo los seres humanos tienen una consciencia individualizada capaz de recordar, reflexionar y evolucionar por sí misma. Es decir, tenemos el potencial de desarrollarnos. No obstante, la realidad en nuestro planeta es que en la vida solo se aprenden unas pocas lecciones. Lograr incrementar nuestra sabiduría es un proceso lento y doloroso, y muy pocas personas están dispuestas a renunciar a los puntos de vista y a las creencias con las que se han familiarizado. Tenemos una considerable resistencia al cambio.

Muchas personas se encuentran en el extremo inferior de la escala evolutiva de desarrollo de la conciencia, todavía basado en la agresión, los celos y la violencia para compensar su verdadero sentido de injusticia, carencia e impotencia. Por desgracia, esto se ve fomentado por la industria del entretenimiento, que tiende a comerciar con el sensacionalismo emocional, mostrando que de alguna manera la violencia, la corrupción y el odio son medios aceptables para obtener lo que quieres. En cierta forma, la sociedad institucionaliza las bajas emociones, y estas terminan arraigadas en el inconsciente de muchas personas, convirtiéndolas en un blanco fácil de los medios de comunicación, películas e internet. Históricamente, debido a este bajo nivel de la humanidad en su conjunto, acrecentado por un liderazgo a menudo imprudente, las revoluciones han significado un levantamiento de células sanas para la defensa de todo el organismo.

Sin embargo, contamos con capacidad de elección, y esto implica un enorme potencial para la variedad individual en cuanto a experiencias e interpretación de lo que nos llega. Como afirmó el psiquiatra Viktor Frankl: «Te pueden despojar de todo salvo de una cosa: la última de las libertades humanas. La capacidad de elegir tu actitud en cualquier circunstancia». Esa libertad es la fuerza que nos hace crecer internamente.

Los humanos tenemos el regalo del libre albedrío, y gracias a eso podemos elegir nuestro destino. Es cierto que, a menudo, al ver las noticias parece que estamos apilando celosamente montones de escombros y desechos, y que corremos el riesgo de que nos envuelvan —literal y metafóricamente— si no tiene lugar una verdadera regeneración de nuestros valores.

Todo ser consciente está en el proceso de desarrollarse y entenderse a sí mismo continuamente. Nuestro crecimiento puede tener lugar de forma gradual o rápida, ya que no está limitado por restricciones, sino por tendencias. Innumerables opciones están disponibles en cualquier momento para cada uno de nosotros, aunque pocas veces las elegimos. Tendemos a tomar el camino de menor resistencia, el que se ve apoyado y apreciado por nuestro entorno. Por lo tanto, nuestra gama de opciones suele estar restringida por nuestra perspectiva personal de lo que es posible y lo que es aconsejable.

Hoy en día, tenemos acceso a una ingente cantidad de información gracias a los avances de la tecnología, algo inimaginable hace solo unas pocas décadas. Pero la información solo se convierte en conocimiento una vez que reflexionamos sobre ella, la comparamos con nuestras experiencias y valores, y la entendemos como parte de un todo más grande. El conocimiento solo se convierte en sabiduría una vez que podemos integrarlo como parte de nuestra guía interna y actuamos en coherencia con él. Adquirir más conocimiento no es tan difícil en este momento de la historia. La sabiduría es un asunto totalmente diferente. Se reconoce la verdadera sabiduría en una persona por la forma en que se comporta y la presencia que emana, sin necesidad de que hable mucho. Todo el conocimiento en el mundo no hace que alguien sea sabio. Puede ayudarnos a ser inteligentes, eruditos, astutos, elocuentes o fascinantes, y posiblemente a sentirnos orgullosos de nuestra propia sapiencia, pero no nos trae sabiduría automáticamente. Esto no llega hasta que asimilas ese conocimiento de tal manera que puedas vivirlo. No se trata de predicar o presumir de lo que sabes, pues el conocimiento que no cambia nuestro comportamiento es bastante inútil.

El elemento crucial para ayudar a un movimiento ascendente en la consciencia es una actitud de voluntad y seriedad para seguir creciendo y madurando, para mantener las puertas de la mente abiertas a lo largo de nuestra vida. Los motivos de cambio para la mayoría de las personas surgen cuando se enfrentan a crisis tales como una enfermedad, un accidente, un divorcio, una pérdida personal o un importante revés profesional. Pocas personas eligen seguir creciendo activamente por impulso interno. También es cierto que nada crece tan lentamente como la consciencia. Para la asimilación de cada nuevo concepto y la adopción de un nuevo nivel de percepción, no solo es necesario esclarecerlo desde diferentes ángulos primero, sino que hay que repetirlo muchas veces y practicarlo una y otra vez hasta que la modificación se fije en el cerebro, gracias a la plasticidad cerebral. Además, solo el desarrollo orgánico y la versatilidad de las acumulaciones internas pueden asegurar un verdadero desarrollo. Nada se puede forzar, no se puede dar por sentado ningún paso. Todo el proceso necesita ser caminado y trabajado progresivamente.

Reaccionamos a los acontecimientos basándonos en el nivel desde el que los percibimos. Es decir, las circunstancias externas pueden definir condiciones, pero no determinan el nivel de consciencia de la respuesta de la persona. Por supuesto, la forma en que reaccionemos depende en cierta forma del mundo en el que nos movemos. Pero la persona en quien nos convertimos (así como lo que pasa a través de nuestros filtros de percepción) crea el mundo en el que creemos que estamos. Por ejemplo, si crees que el mundo es hostil, verás la vida como una batalla sin fin y a los demás como competidores y enemigos, y, por lo tanto, tu comportamiento será una confrontación continua y una lucha por defenderte de posibles ataques. Por el contrario, si crees que el mundo es amable, pondrás tu atención en la belleza y la bondad, y te permitirás vivir de una manera más pacífica y constructiva, creando emociones más positivas dentro de ti mismo y un ambiente más positivo a tu alrededor.

Nuestra mente utiliza la negación para protegerse y defender que está en posesión de la verdad. Esto es lo que provoca resistencia al cambio y, como consecuencia, impide que nuestra consciencia avance mucho en una vida. Solo podemos lograr grandes saltos en nuestro nivel de consciencia al abandonar la ilusión de que ya lo conocemos todo, intentando permanecer lo suficientemente humildes como para seguir creciendo. Es más fácil cuando contemplamos la vida como una escuela. Así, todo lo que surge y nos sucede es una valiosa oportunidad para desarrollarnos. Incluso las experiencias inesperadas y dolorosas no se ven como dramas, sino como lecciones y pasos en nuestro camino.

En esta línea, el *mindfulness* y la meditación nos ayudan a observar nuestra mente, sus trucos y defensas, sus sesgos, sus expectativas, sus deseos, sus heridas, sus juicios, sus críticas, sus apegos, etc. para que no nos movamos como autómatas. Una mente observada se vuelve más humilde y comienza a renunciar a sus pretensiones de omnisciencia. Deja espacio para un aumento de la consciencia y elección, y, al hacerlo, nos ofrece la oportunidad de aumentar nuestro nivel de consciencia.

A medida que comenzamos a darnos cuenta de que no somos nuestra mente, nuestros pensamientos, nuestras emociones, nuestro pasado, nuestras experiencias, nuestras creencias o incluso nuestros sueños, sino que todo eso simplemente son elementos pasajeros, nos liberamos de su control y dominación, con lo cual comenzamos a entender que no somos nuestro cuerpo, nuestras posesiones, nuestras relaciones, nuestra personalidad, nuestras opiniones ni nuestra historia.

A pesar de su extraordinaria importancia, el nivel de desarrollo personal rara vez se considera en la sociología, ni en relación con los valores, la moral, la política, la psicología o en los estudios del comportamiento. Tendemos a pensar que nos desarrollamos mientras estamos en la escuela. Pero, una vez que esa etapa ha terminado, los adultos básicamente mantienen el mismo nivel que alcanzaron cuando se graduaron. Para la mayoría de las personas, hay básicamente tres tipos de seres humanos: niños, adolescentes y adultos. Se considera que ser adulto simplemente significa mejorar en lo que hacemos, adquirir más habilidades y acumular más conocimientos. Es más que eso, estamos hablando de una transformación gradual por la que podemos pasar si así lo deseamos. Significa ascender a etapas superiores de desarrollo, adquirir los rasgos asociados con la sabiduría y la madurez social, así como ser cada vez más compasivos y más conscientes de la interconexión de todos los seres. Hasta ahora no se ha utilizado un marco para el desarrollo de los adultos que nos ayude a entender dónde estamos y dónde queremos estar. Sin embargo, ser conscientes de las diferentes etapas puede darnos una mejor comprensión sobre nosotros mismos y las personas que nos rodean, así como algo a lo que aspirar. Y puede contribuir a que nos demos cuenta de que la mayoría de nosotros experimentamos una disonancia, una brecha entre lo que decimos que valoramos y quiénes creemos que somos, y cómo realmente nos sentimos y nos comportamos.

El hecho es que las personas interpretan y responden a las experiencias en función de su perspectiva particular de desarrollo, aunque muy pocos sean conscientes de este espectro de perspectivas. No nos percatamos de que cómo pensamos, cómo nos relacionamos con los demás y lo que nos motiva depende en gran medida del nivel de desarrollo en el que nos encontramos.

Esperar que una persona que tiene una perspectiva vea el mundo desde otra es inútil. Es una pérdida de tiempo razonar con una persona más allá de su nivel de desarrollo, ya que es incapaz de ver el mundo desde otra visión. Cada perspectiva incluye un cierto tipo de cognición, una manera de determinar lo que está bien o mal, una forma de relacionarse con asuntos espirituales, una forma de entenderse a sí mismo, una forma de contemplar lo que es importante y de decidir en qué creer, una manera de lidiar con los desafíos, las pruebas y el dolor, una manera de crear estrategias particulares para vivir la vida, y así sucesivamente. Explorar este paisaje nos permite comprobar por qué las personas tienen ciertos comportamientos y nos permite tener una mejor comunicación con ellas. Esto también nos permite entendernos mejor a nosotros mismos y reconocer que nuestra perspectiva es solo una de muchas. Podemos tener una verdad sabiendo que es parcial.

Algunas filosofías y tradiciones espirituales han llegado a la conclusión de que hay pasos necesarios para ampliar nuestra consciencia y aumentar nuestro nivel de desarrollo. Todos ellos incluyen la eliminación de la identificación con uno mismo como un ser finito y separado, y poder abrazar la compasión como nuestra naturaleza más profunda, impregnando toda motivación y actividad. Llegar a la iluminación y alcanzar la unidad con todo lo que existe es el objetivo final de nuestro viaje. Aunque actualmente este objetivo parece descabellado en nuestra sociedad moderna solo interesada en el poder, la fama, la lujuria y el dinero.

A finales del siglo XIX, Friedrich Nietzsche escribió que Dios había muerto. El cristianismo estaba en declive, muchos se movían hacia el ateísmo, y la ciencia y el Estado estaban reemplazando a la religión como los principios organizadores de la sociedad. Según Nietzsche, a medida que la fe en Dios fuera disminuyendo, el nihilismo, o la convicción de que la vida carece de sentido, aumentaría, ya que la religión había sido la fuente principal del significado de la vida y, en la mayoría de las sociedades, daba forma a los valores que las personas tenían y a la manera en que estructuraban sus vidas. Pero el nihilismo no se extendió en la medida que Nietzsche profetizó, ya que a la mayoría de las personas les resulta demasiado difícil vivir sin creer en algo más grande.

En cambio, muchos se dirigieron hacia nuevos dioses, dioses que no eran divinos, sino creados por el hombre, y esta tendencia ha continuado hasta la actualidad y es responsable de muchos de nuestros males sociales. En lugar de adorar al Dios que trasciende el mundo finito y que fundamenta toda existencia, mucha gente adora ideologías, naciones, políticos, celebridades, deportistas, equipos deportivos, bienes de consumo, drogas o el acto sexual, o trata a la tecnología o a la ciencia como nuevos dioses y cree que su avance inaugurará una utopía y quizás incluso nos otorgue inmortalidad.

Pero, así como el hombre es imperfecto, también lo son todas las variaciones de dioses creados por el hombre. Un político elevado a la posición de una deidad será corrompido por el poder. Si adoramos las drogas, el sexo o los bienes de consumo, nos convertimos en sus esclavos. Si creemos que una ideología tiene el poder de remodelar el mundo y la naturaleza del hombre, es más probable que creemos un infierno totalitario en la Tierra. Una sociedad desprovista de conexión con lo divino es una sociedad lista para ser destruida por ídolos falsos, y quizás el más peligroso de estos ídolos es el Estado.

¿Vivimos en una época en la que la normalidad se ha convertido en una enfermedad? ¿Se ha corrompido tanto nuestra sociedad que cuanto más nos adaptamos a ella menos funcionales nos volvemos? Jiddu Krishnamurti afirmaba que «no es signo de buena salud estar bien adaptado a una sociedad profundamente enferma».

Lo que significa ser normal es relativo a la sociedad en la que vives. A través del tiempo y el espacio, y de una cultura a otra, los estándares de normalidad difieren. No obstante, hay una esencia de lo que significa ser normal y esta esencia yace en la conformidad. Ser normal es ser conformista, es estar guiado por el *statu quo*, aceptar los dogmas de la época y adherirse al sistema de valores dominante en la sociedad.

Un elemento que hace atractiva la normalidad es nuestra tendencia, como todas las criaturas biológicas, a tomar el camino que ofrezca menor resistencia. La vida es demasiado complicada para improvisar formas novedosas de lidiar con todas las situaciones, por eso la mayor parte del tiempo simplemente hacemos lo que otros hacen y pensamos como otros piensan.

El problema aparece cuando una cultura enferma y una sociedad se corrompe. Entonces, la normalidad se convierte en un estándar que arresta, inhibe, distorsiona, incapacita y retrasa el desarrollo saludable de los individuos. Adaptarse a una sociedad enferma produce enfermedad, conformarse con un mundo loco produce locura.

Otro factor que contribuye a la enfermedad de la sociedad es la tendencia a ver los problemas sociales y políticos a través de una perspectiva utilitaria. Los utilitaristas creen que la mejor política social es la que produce el mayor bien para el mayor número de personas. El utilitarista, en otras palabras, no ve al individuo como poseedor de un valor innato, sino como un recurso para ser utilizado, o incluso sacrificado, para alcanzar su visión del bien mayor. El utilitarismo es una forma corrupta de moralidad, pues está dispuesto a coaccionar y dañar a una minoría en beneficio de una mayoría. Esto es un indicador de una mente perturbada.

Con un sistema educativo que nos adoctrina para pensar igual, unos medios de comunicación de masas que se aseguran de que tengamos los mismos temores, una industria publicitaria que hace que nos gusten las mismas cosas y unas redes sociales que facilitan que se avergüence y ridiculice a todos aquellos que se salen demasiado de la línea, muchas personas son conformistas. Pero, en la actualidad, demasiadas también son neuróticas y sufren niveles persistentes y profundos de ansiedad y un miedo general a la vida. Además de estos síntomas principales, también se pueden incluir depresión, culpa, fobias, obsesiones y compulsiones, preocupación excesiva, rumiación, insomnio, irritabilidad o ira.

Estas neurosis, lenta pero efectivamente, drenan la vitalidad de la existencia, destruyen nuestro potencial, nos constriñen dentro de los confines restrictivos de una zona de confort que se reduce cada vez más, nos llenan de culpa por una vida no vivida, causan estragos en las relaciones, inhiben el cultivo de habilidades y dañan nuestra salud física debido a los efectos de la ansiedad crónica y la depresión. Jung llegó a llamar a la neurosis «la agonía de un alma humana en toda su vasta complejidad».

Una de las maneras en que la espiritualidad ayuda a curar la mente es a través de su capacidad para generar significado. Cuando aspiramos a lo divino, en nuestra vida se genera estructura y propósito. Cuando sentimos que nuestra vida tiene sentido, y ya no estamos abrumados por la carga de ansiedad, depresión o adicción, aumenta nuestra capacidad y disposición para enfrentarnos a las fuerzas que están destruyendo la sociedad. Ya no nos sentaremos pasivamente, atrapados en nuestra cobardía, adorando falsos ídolos, mientras observamos cómo el mal y la degeneración se esparcen por la sociedad. En cambio, firmemente arraigados en lo divino, poseeremos el coraje para resistir a la autoridad corrupta y actuar como una fuerza del bien en el mundo. Como dijo Shrii Anandamurti: «Nunca estás solo o desamparado. La fuerza que guía las estrellas también te guía a ti».

Todos tenemos que vivir al servicio de algo. Si no lo hacemos, somos como un barco sin timón y el curso de nuestra vida será empujado y arrastrado por fuerzas externas. Podemos vivir al servicio de otra persona, al servicio de una institución o ideología, o podemos poner nuestra vida al servicio de la Unidad, de la divinidad que engloba a cada ser.

Comprometerse a brillar con la luz del Espíritu en un mundo tan oscuro es algo que solo hacen los héroes. El héroe es el individuo cuyo compromiso con los valores altruistas supera con creces el que tiene con la normalidad y cuyo sistema de valores sirve al bienestar humano a gran escala.

Los héroes dedican su vida a la justicia para paliar los efectos de la ignorancia y la crueldad humanas, a la innovación para elevar los estándares de vida, al conocimiento con el fin de aliviar el sufrimiento, a enseñar vías que eleven el espíritu o a la libertad para combatir la tiranía y promover la cooperación social. Como apunta Andrew Bernstein, «en términos prácticos, los héroes colocan a la humanidad sobre sus hombros y llevan a los seres humanos hacia una civilización floreciente».

El heroísmo no es un juego de suma cero en el que el héroe actúa como benefactor de la humanidad y sufre personalmente como resultado, aunque es cierto que a menudo conlleva renuncias y consecuencias. En verdad, al permanecer comprometido con los valores que mueven al ser humano hacia una mayor expansión y evolución, el héroe avanza simultáneamente en sus propios objetivos de vida, en su autorrealización y autotrascendencia. Cuando ayudamos a otros con una intención altruista, el beneficio también repercute en nosotros, ya que formamos parte de la totalidad.

En la actualidad, vivir una vida heroica al servicio de valores altruistas es nadar contra la corriente, ya que esta es una época en la que una corrupción generalizada de valores ha llevado a la masa de hombres y mujeres a gravitar hacia distracciones y placeres vacíos. No obstante, la llamada a salir de la corriente de la complacencia, la superficialidad y la mediocridad es para todos. Cada ser humano está invitado a convertirse en el héroe de su propia historia. Sin embargo, para ser uno de los pocos que contrarresta la tendencia actual y rechaza la enfermedad de la conformidad moderna, debemos sentirnos cómodos con el hecho de ir en contra de la corriente de lo socialmente aceptado. «Cuando el mundo entero corre hacia un acantilado, aquel que corre en dirección opuesta parece haber perdido la razón», escribía C.S. Lewis.

Para ayudarnos a mantener nuestra autonomía y brújula moral mientras escapamos del hedonismo desmoralizador de nuestra época y avanzamos hacia una vida de proporciones heroicas, es fundamental recordar que estamos eligiendo la mejor vida posible: una vida que es significativa, desafiante, emocionante, satisfactoria y llena de sentido.

Aunque quizás hoy más que nunca mantenerse auténtico y fiel a la misión del alma es una tarea titánica, hay una fuerza interior superior que nos impulsa a utilizar nuestros talentos para servir a la humanidad, a la verdad, a la bondad y al bien común. Mantén la confianza de que esa es la llave que abrirá el paso a dimensiones superiores de evolución y a la Nueva Tierra.

La soberanía con un mayor nivel de conciencia es la única solución al caos y degradación actuales. Si queremos sobrevivir como especie y prosperar como seres humanos, debemos tomar el control de nuestra propia vida. Sin una modificación urgente de nuestra perspectiva, de nuestros intereses y valores y de nuestros estilos de vida, nos dirigimos hacia un callejón sin salida en este planeta.

No queda ningún lugar donde esconderse en el mundo. Por lo tanto, la unidad esencial de todo y la interconectividad de todo lo existente no es solo una enseñanza espiritual, sino una verdad obvia para todos.

La situación planetaria actual es muy diferente a la del siglo pasado. Cuando tuvo lugar la Segunda Guerra Mundial, había un tumor localizado que teníamos que extirpar, y se hizo así. Nuestras circunstancias actuales son más parecidas a un cáncer que se ha esparcido por todo el cuerpo y requiere métodos de curación únicos. Hay una corrupción rampante en todas las esferas de la vida. Las personas están tan desconectadas de su orientación interna que aceptan las noticias y amenazas convencionales como el verdadero evangelio. Los objetivos banales y anodinos son eternamente sublimados por las redes sociales. El estrés implacable se compensa con distracciones omnipresentes. La obsesión con la productividad se vende como el significado de la vida. El dolor funcional que nos advierte de nuestra incoherencia se adormece con muchas adicciones. Hay tal cacofonía de estímulos agresivos que nos rodean que la única escapatoria para muchos es correr más rápido hacia la destrucción.

Hemos llegado a un punto en el que es necesario un nuevo salto evolutivo en la conciencia y la cultura. Los desafíos globales a los que enfrentamos requieren un nivel de conciencia más evolucionado para darse cuenta de que lo que nos une es mucho mayor que lo que nos divide. En la situación actual, la especie humana necesita urgentemente que más individuos desarrollen sabiduría para el beneficio de todos. Ningún enfoque aislado nos llevará lejos. Solo una visión que reconozca que todo es interdependiente nos ayudará a dar un paso positivo hacia adelante, una perspectiva que nos permita darnos cuenta de que pertenecemos a una sola familia humana y también pertenecemos a un universo donde todo está entrelazado.

Centrarse en aumentos infinitos de las ganancias sin tener en cuenta el bienestar de todos los seres en la Tierra dejará a millones de personas muriendo de hambre mientras muy pocos se convierten en billonarios inútiles. La obsesión con los beneficios económicos a corto plazo y la maximización del retorno está degradando seriamente el futuro de las próximas generaciones. Hemos participado en una economía global erosiva donde 62 individuos tienen tanta riqueza como la mitad de la población mundial. Al enfrentarnos a un abismo, hemos llegado a un momento en nuestra historia en que un giro severo es imperativo. Tenemos que elegir. El tiempo de separar el trigo de la paja ha llegado. Cada persona debe decidir dónde quiere estar: viviendo en una línea de tiempo orgánica donde la hermandad y la compasión son la norma, o dispuesto a ser arrastrado a una línea de tiempo transhumanista donde la única libertad permitida sería acumular puntos en el metaverso. Aquellos que confían en su propio libre albedrío y están alineados con la vibración de amor y servicio vivirán en la primera. Aquellos que actúan como ovejas están completamente programados para seguir las órdenes de su malvado pastor.

A menos que comprendamos la urgencia de nuestra situación y asumamos la responsabilidad por nosotros mismos y las generaciones futuras, esto tendrá una salida sombría. Este giro no tiene nada que ver con tener un partido diferente en el gobierno, cambiar nuestras instituciones o desarrollar más la tecnología. El cambio debe venir de un aumento de la conciencia a nivel de los individuos y debe ser de abajo hacia arriba para que se convierta en una verdadera transformación.

Nadie nos va a salvar de nuestros problemas. Aunque la ayuda siempre está disponible en un universo consciente y amoroso, depende de cada persona elegir el ritmo de su evolución. Como veremos en este libro, la única manera de avanzar y ascender es a través de la sabiduría y la benevolencia. Nos desarrollamos al redirigir nuestro propósito de vida para beneficiar a otros y contribuir a un mundo mejor. Progresamos de verdad cuando podemos adoptar el papel del testigo compasivo y comprensivo que es capaz de percibir la realidad sin edulcorantes, decidiendo con discernimiento y sin alimentar sentimientos destructivos.

La sabiduría es la aplicación del conocimiento, la inteligencia, la experiencia y la creatividad, alineada con los valores dirigidos hacia la consecución del bien común. La tan sublimada inteligencia racional ayuda a resolver problemas, pero solo la sabiduría permite saber cuáles son los problemas por resolver y dónde deberemos enfocar nuestros esfuerzos. La verdadera sabiduría no radica en maximizar los propios intereses, sino en equilibrarlos para priorizar el objetivo expansivo de contribuir al bienestar de todos: el nuestro y el de los demás.

Lo que he observado en casi toda una vida dedicada a seguir un camino espiritual es que la mayoría de los occidentales no resuenan totalmente con las propuestas orientales, sobre todo porque hay un desajuste de mentalidad y porque nuestro entorno actual en la sociedad moderna es muy diferente. Tenemos que admitir que esas filosofías y religiones están adaptadas a la psique y la cultura orientales. Como dijo el psiquiatra Carl Jung: «Los occidentales no pueden echar espiritualidad oriental sobre un ego occidental y esperar la iluminación». De hecho, muy pocas personas están dispuestas a hacer miles de postraciones o cantar mantras que no entienden en aras de la purificación, ni a visualizar deidades extrañas mientras meditan, aprenderse las escrituras tradicionales de memoria, retirarse del mundanal ruido para unirse a un ashram, ni buscar un gurú para seguir sus instrucciones al pie de la letra…

Sin embargo, cada vez más personas tienen preguntas que no pueden ser respondidas por el materialismo o la ciencia. Cada vez más, la gente se está dando cuenta de que ni las posesiones ni el dinero ni las relaciones ni los logros pueden llenar los vacíos, como solían pensar. Un mayor número de personas buscan un estilo de vida más profundo y expansivo. A más gente le duele ver la falta de justicia, y están abriendo su corazón y su mente a una forma más compasiva de vivir. Nunca antes tantas personas han estado dispuestas a emprender un camino de transformación interior. Estas son las personas preparadas para la Nueva Tierra. Este libro está escrito para vosotros.

PARTE 1

¿Por qué la sabiduría?

«Una vida sin rumbo es siempre una vida miserable.

Cada persona debería tener un objetivo. Pero no olvides que la calidad de tu vida dependerá de la calidad de tu objetivo.

Tu objetivo debe ser alto y amplio, generoso y desinteresado; esto hará que tu vida sea valiosa para ti y para los demás.

Pero, sea cual sea tu ideal, no se podrá realizar perfectamente a menos que te hayas dado cuenta de la perfección en ti mismo».

Sri Aurobindo

CAPÍTULO 1

La importancia crucial de la sabiduría

> «Tal y como los tesoros se descubren en la tierra, así la virtud aparece de las buenas semillas, y la sabiduría aparece gracias a una mente pura y pacífica. Para caminar con seguridad por el laberinto de la vida humana, uno necesita la luz de la sabiduría y la guía de la virtud».
>
> **Buda**

A lo largo de los siglos, la sabiduría ha sido considerada como el pináculo de la visión del desarrollo humano, así como la manera de disfrutar de una buena vida. En Occidente, la visión más completa de la sabiduría proviene principalmente de la filosofía. Para tener una idea más clara, veamos lo que representa:

1. Un nivel verdaderamente superior de conocimiento, juicio y consejo.
2. Aborda cuestiones y estrategias fundamentales y difíciles sobre la conducta y el significado de la vida.
3. Incluye consciencia sobre los límites del conocimiento y las incertidumbres del mundo.
4. Conlleva un conocimiento de extraordinario alcance, profundidad y equilibrio.

5. Implica una sinergia perfecta de mente y carácter, teniendo en cuenta todas las virtudes.
6. Representa el conocimiento utilizado para el bien o el bienestar de uno mismo y de los demás.

Para los primeros filósofos, la sabiduría significaba conocimiento del mundo en su conjunto, así como de la verdad y de lo Divino. En realidad, por ese entonces, esforzarse por alcanzar la sabiduría era la mayor ambición humana. Y el objetivo que se hizo explícito era orquestar la mente y la virtud hacia la excelencia humana y el bien común. En psicología, Jung y Erikson lo definieron como la etapa final del desarrollo de la personalidad, logrado solo por algunas personas al final de la edad adulta. Es decir, la sabiduría se lograba como resultado de un proceso de desarrollo de la personalidad a largo plazo en la tercera parte de la vida. Estaba relacionada con una inquietud desapegada por la vida al enfrentarse a la muerte. También estaba relacionada con la aceptación de nuestra existencia, lo cual es una consecuencia de un equilibrio positivo y la búsqueda de un propósito vital.

Por lo general, las teorías occidentales tienden a centrarse más en el conocimiento y la capacidad analítica. Sin embargo, la sabiduría solamente aparece cuando el conocimiento se alcanza a través de la reflexión sobre las experiencias personales, cuando transforma a la persona y contribuye a un cambio positivo en el mundo. El conocimiento intelectual y teórico en sí mismo que no beneficia a la sociedad en su conjunto no tiene nada que ver con la sabiduría. También implica necesariamente un desarrollo de la perspectiva cósmica, la que abarca toda la realidad.

Las personas sabias son capaces de equilibrar los intereses personales e interpersonales a corto y largo plazo, el conocimiento intelectual e intuitivo, la experiencia personal y una sólida base de valores para guiar sus acciones hacia el bien común.

Hay estudios recientes que han demostrado que mucha gente en nuestra sociedad piensa que la sabiduría es equivalente a la inteligencia y la lógica, y la mayoría de la gente ni siquiera considera que el significado de la vida sea una de sus partes esenciales. Condicionados por nuestra cultura materialista, tendemos a creer que la consecución de los propios objetivos (sin tener en cuenta a los demás) es crucial para la sabiduría, así como dejar de lado la consideración del bien común como objetivo.

Por lo tanto, parece que hay una gran confusión entre conocimiento y sabiduría, pues se cree que el primero puede ser un sustituto de la segunda. Nos falta la conciencia con que está asociada la sabiduría: actuar por el bienestar global, la reflexión profunda y consciente sobre los valores y cómo materializarla con acciones coherentes, la apreciación de los límites del conocimiento lógico y analítico para crecer como individuos, y el interés por construir un mundo mejor. Por eso considero que (urgentemente) necesitamos concienciar a la sociedad de la importancia de la sabiduría, así como de los métodos para su desarrollo. Con el estado de nuestro planeta y civilización, hemos de actuar de manera diferente antes de que el egoísmo, el egocentrismo y el hedonismo terminen por destruir la Tierra y nuestra humanidad.

Para hacerlo más comprensible, vamos a distinguir tres dimensiones básicas de la sabiduría:

Una sería la «cognitiva», e implica ser capaz de entender profundamente las situaciones, así como los aspectos positivos y negativos de la naturaleza humana; ser conscientes de la incertidumbre inherente en la vida y tener la capacidad de tomar la decisión más beneficiosa gracias a las experiencias, a la tolerancia de la ambigüedad, al reconocimiento de los propios límites y a poder ver la realidad más allá de las propias proyecciones. Por lo tanto, ser inteligente es necesario, pero no suficiente.

La segunda es tomarse el tiempo para «reflexionar» con serenidad, poder adoptar múltiples perspectivas, aprender de las experiencias pasadas, tener un buen juicio sobre temas difíciles, respetar las diferencias, albergar un sentido de la justicia, tomar responsabilidad por la propia vida y los propios sentimientos, así como tener empatía, apertura a nuevas experiencias, sentido del humor, resiliencia y voluntad de cooperación social.

La tercera tiene que ver con lo que en gran medida podríamos llamar «espiritualidad»: altruismo, centrarnos más en los otros, disposición a perdonar, bondad y compasión por otros seres… además de poseer características autotrascendentes como la integridad, la paz interior, la humildad, la gratitud, la autocompasión, la atención plena, el respeto a la naturaleza, la no violencia, la conducta ética, la aceptación profunda de la muerte… Y, por último, pero no menos importante, albergar una sensación general de bienestar psicológico sin heridas latentes, sentir satisfacción y tener un propósito en la vida.

Parece que el proceso de ir cumpliendo años en sí mismo facilita muchas de las condiciones en las que la sabiduría puede florecer: un buen número de experiencias sobre las que reflexionar, una tendencia a buscar sentido en el interior en lugar de lo externo, una mayor apertura a la contradicción y una desaceleración física general que hace que la persona sea más consciente de sus límites y de la mortalidad, así como más tiempo para ser filosóficos. Sin embargo, ¿tenemos que esperar a jubilarnos para llegar a este punto? ¿No deberíamos empezar esta tarea exactamente donde estamos? ¿No mejoraríamos la calidad de nuestra vida y las elecciones que tomamos… así como nuestra profundidad interior y serenidad al hacerlo? ¿No empezaríamos a cambiar el mundo si cada uno de nosotros se hiciera responsable de su contribución ahora mismo y comenzara a modificar la perspectiva egocéntrica y de pura supervivencia para incluir a los demás y la forma en que todos estamos interrelacionados?

CAPÍTULO 2

Etapas de desarrollo

«Nadie puede actuar más allá del nivel de su conciencia».

ECKHART TOLLE

El desarrollo humano adulto ha sido estudiado durante más de cincuenta años. Ahora es un hecho aceptado que la mayoría de las capacidades de los seres humanos crecen a través de varias etapas distintas de la madurez psicológica, y en cada una de estas etapas aparece una forma completamente diferente de ver el mundo. Sin embargo, a pesar de la enorme evidencia, nuestra cultura parece no saber casi nada sobre el desarrollo humano, al menos en lo que se refiere a los adultos. No hemos integrado plenamente la noción de que la edad adulta en sí misma es un período de desarrollo. El crecimiento no es algo solo para niños y adolescentes inestables, más bien estamos hablando de un viaje para toda la vida. En el campo de los estudios sociales y psicológicos, algunos estudiosos han diseñado modelos de desarrollo humano para ayudar a entender esas etapas por las que pasan los individuos, representando un cambio básico en la visión del mundo, lo que proporciona el sentido, la perspectiva sobre uno mismo y la forma moral de razonar.

La manera en la que nos vemos a nosotros mismos y en la que entendemos nuestra vida cambia a medida que avanzamos por las etapas de desarrollo. Nuestras relaciones, nuestros valores, nuestra existencia y nuestro sentido de nosotros mismos se ajustan y modifican a medida que crecemos. El desarrollo y el crecimiento proceden según una secuencia de fases continuas que no se pueden reorganizar. Aunque no todas las personas pasan por los peldaños al mismo ritmo, nadie puede saltarse ninguna etapa. Es decir, todas las personas tienen que pasar por las mismas etapas en el mismo orden; es imposible entrar en una fase posterior sin pasar por una anterior. Cada dimensión trasciende, pero incluye, a la anterior. Hay una jerarquía de evolución, ya que no podemos completarnos sin ella. Cada nivel representa un aumento de complejidad, perfección y capacidad integradora con respecto a los que lo preceden. Un mayor desarrollo siempre significa la posibilidad de una integración superior o más universal. Este marco simplemente refleja la naturaleza de la realidad, en la que podemos reconocer claramente diversos niveles de existencia. Como lo expresa el pensador Ken Wilber: «Se avanza de la materia a la mente, y de ahí al alma y al espíritu».

Los comportamientos en una etapa se perciben como cualitativamente diferentes, no solo más de lo mismo. Los cambios son siempre graduales y, en cierta manera, continuos. Sin embargo, la progresión de desarrollo implica no solo el crecimiento, sino por lo general una desorientación completa primero con el fin de dar paso a una orientación diferente y renovada. Podemos entenderlo claramente al reflexionar sobre cómo nos percibimos a nosotros mismos y el mundo de manera muy diferente a los treinta años que cuando teníamos quince. Nuestra visión del mundo se desarrolla con el tiempo para ser más inclusiva y expansiva. El significado que atribuimos a la vida está determinado por el filtro a través del cual percibimos el mundo y a nosotros mismos. Cuanto más grueso sea, menos capacidad tendremos de diferenciarnos del objeto que percibimos (incluidos los pensamientos y las emociones).

Las etapas o períodos se pueden dividir conceptualmente de cualquier manera, así que voy a presentar solo lo más relevante para nuestro tema. A medida que evolucionamos a etapas más maduras, marcan quiénes somos, qué valoramos, cómo damos sentido a todo. Nuestras elecciones y acciones cambian. Se vuelven cada vez más sofisticadas, sutiles e inclusivas. Piaget fue uno de los primeros teóricos en proponer un modelo de etapas detallado. Exploró cómo los niños y adolescentes dotan de sentido sus experiencias a través de una serie de campos diferentes, cubriendo cuatro etapas cognitivas universales. Fue una visión muy novedosa, ya que antes del trabajo de Piaget la suposición común en la psicología era que los niños pensaban simplemente de manera menos competente que los adultos. Piaget demostró que los niños pequeños piensan de maneras sorprendentemente diferentes en comparación con los adultos.

Destacó la importancia de los esquemas en el desarrollo cognitivo. Un esquema vendría a ser un conjunto de representaciones mentales del mundo, que utilizamos tanto para entenderlo como para responder a las situaciones. La suposición es que almacenamos estas representaciones mentales, las aplicamos cuando interactuamos con nuestro entorno e influyen en la forma en que interpretamos la realidad. Este desarrollo está basado en la biología y cambia a medida que el niño madura. Cada niño pasa por las etapas en el mismo orden, y no se puede perder ninguna etapa (aunque puede que algunas personas nunca lleguen a las etapas posteriores). También hay diferencias individuales en la velocidad a la que los niños progresan a través de esas etapas. Piaget no afirmó que se alcanzara una etapa en particular a una cierta edad, aunque las descripciones de las etapas a menudo incluyen una indicación de la edad a la que en promedio los niños suelen llegar a ellas. Para él, el desarrollo no es una acumulación gradual de nuevos conocimientos, sino más bien un proceso de movimiento a través de diferentes niveles de razonamiento en los que el conocimiento se va transformando.

Robert Kegan fue más allá de los niños y adolescentes para estudiar a los adultos, y más allá del estudio de la cognición para incluir las emociones. También incluyó el papel del contexto social y las demandas culturales. Para Kegan, el proceso de crecimiento implica una evolución del sentido, marcado por los continuos cambios; de los períodos de estabilidad a los períodos de inestabilidad, lo que conduce a la reconstrucción continua de la relación de las personas con su entorno. El crecimiento implica el movimiento a través de formas progresivamente más complejas de conocimiento, incluyendo modificaciones cognitivas, personales y en las relaciones.

Kegan vio el proceso de desarrollo como un esfuerzo para resolver la tensión entre el deseo de diferenciación y un deseo igualmente poderoso de estar inmerso en el entorno. Afirmó que el proceso de crecimiento puede ser doloroso, ya que implica cambiar la forma de funcionar en el mundo.

En su modelo, hay dos etapas de desarrollo adulto que nos llevan más allá de la etapa que emerge en la adolescencia (en la que se adoptan e interiorizan los valores de la sociedad) a la siguiente. La primera ocurre alrededor de los treinta años, y luego se pasa a la última etapa, que aparece alrededor de los cincuenta.

En nuestra era moderna, resulta obvio que necesitamos superar la mentalidad limitante que adopta los valores de la sociedad desde dentro y queda sujeta a ellos por suposiciones que no se suelen cuestionar. Tenemos que ser capaces de adaptarnos a las condiciones cambiantes sin esa tremenda necesidad de conseguir la aceptación de nuestro grupo.

En el siglo XXI, necesitamos más flexibilidad, poder dar un paso atrás y ver nuestra cultura desde fuera, permitiendo que cada persona evalúe y perciba maneras de mejorar el mundo. Las reglas y las formas de nuestro grupo social ya no son hipótesis incuestionables, sino que deben ser evaluadas y modificadas.

En la última etapa de desarrollo, tal como fue diseñado por Kegan, la gente alcanza una mentalidad que les permite alejarse de cualquier cultura y ver su grupo social como una posibilidad entre muchas. Si vamos a sobrevivir a las dificultades actuales, vamos a necesitar colaborar con muchos líderes a todos los niveles, y que sean capaces de tener en cuenta otras mentalidades, no solo de imponer la suya. Necesitamos más personas que desafíen los mitos y suposiciones que están destruyendo nuestro mundo. Necesitamos más gente que pueda ver honestamente que solo desde una etapa mental más avanzada se puede entender que en el origen de cada problema social y político al que nos enfrentamos está el hecho de que las personas tienen dificultades para ver y tomar una perspectiva diferente a la suya. Ninguna sociedad o sistema económico tiene todas las respuestas, y tenemos que dejar de castigar a las personas que piensan diferente. Por primera vez en nuestra historia, un mundo globalizado nos presenta una tarea para la que solo están equipadas personas capaces de transformarse: de ser conscientes de que existen diversos sistemas de valores adaptados a ocasiones y personas diferentes, y de sentirse cómodas con las contradicciones entre esos sistemas de valores.

La teoría de Jane Loevinger sobre el desarrollo del ego es tremendamente interesante y posiblemente la más completa en el campo de la psicología. También proporciona un marco para entender cómo se va desarrollando a lo largo de la vida la forma en la que damos sentido a la vida. Para ella, las etapas más altas representan una mayor capacidad para lidiar con la complejidad, además de una perspectiva más amplia, profunda e integrada.

Para Loevinger, cada etapa representa una reorganización del propio sistema hacia una mayor autoconciencia y consciencia de las relaciones, menos defensas, más capacidad de complejidad, mayor flexibilidad, más capacidad reflexiva, más autonomía, mayor tolerancia a la diferencia y a la ambigüedad, y un mayor interés por los demás.

Niveles de desarrollo humano

Los teóricos del desarrollo han agrupado las diferentes etapas en algunos bloques básicos que destacan los cambios más importantes en la evolución de la conciencia humana. Vamos a exponerlos de manera sencilla:

1. Preconvencional: incluye aquellas etapas del desarrollo previas a que una persona entre en una sociedad. Se caracteriza por límites poco claros de un yo separado y la incapacidad de utilizar de manera completa los procesos de pensamiento racional.

2. Convencional: aquí la persona es influenciada y definida principalmente por las limitaciones de la sociedad y se identifica con un yo separado, utilizando una mente racional y objetiva en todo momento.
3. Posconvencional: la persona es capaz de distanciarse de las reglas convencionales y cuestionarlas. También se identifica con un yo más grande que su propio cuerpo físico y comienza a explorar formas más allá de la mente racional.

Aunque hay evidencia de que el nivel de conciencia se estabiliza para la mayoría de las personas en la edad adulta temprana, un conjunto de experiencias transformadoras o la crisis de la mediana edad pueden conducir a dudas y cuestionamientos personales. Una crisis matrimonial, el agotamiento emocional o en el trabajo, o una enfermedad grave podrían ser un catalizador para el desarrollo.

En algunos casos, ciertos elementos de la personalidad pueden mejorar o restringir el desarrollo de la conciencia al influir en el grado de exposición a experiencias que pueden desequilibrar a una persona. Parece que actitudes como la apertura, la aceptación de uno mismo, la flexibilidad, la tolerancia a la complejidad y a la ambigüedad, la empatía, la resiliencia o el deseo de crecer pueden amplificar el potencial para el desarrollo.

Susanne Cook-Greuter amplió y revisó el modelo de Loevinger más tarde, basándose en lo que descubrió tras miles de entrevistas y presentando información muy interesante sobre cómo los seres humanos crecen internamente a lo largo de la vida. Por lo tanto, las etapas que describe no son teóricas, más bien provienen de información real de personas reales y son fruto del análisis de esos datos compilados a lo largo de muchas décadas. En este libro vamos a tomar como base principal la clasificación realizada por esta psicóloga, ya que no solo permite entender cómo va evolucionando nuestra visión, sino también nuestro sentido de la identidad (teniendo en cuenta las fortalezas y los límites de cada etapa) y los desafíos que las personas deben superar para pasar a la siguiente etapa de desarrollo.

¿Cómo ascendemos de una etapa a la siguiente?

El crecimiento interno procede de deshacerse de una visión del mundo y adoptar otra. Solo cuando el entorno no cumple con nuestras expectativas se puede producir este crecimiento. Es entonces cuando el sentido que dábamos anteriormente se elimina y debemos considerar nuevos enfoques. Por lo general, se necesitan años de ir poniendo las experiencias en contexto antes de que se produzca una transformación. Cuando al individuo se le presenta un dilema de vida que le crea disonancia interna y le desequilibra profundamente, no puede integrar esos nuevos elementos como hacía siempre. Se ve obligado a cuestionar y soltar su perspectiva, y entonces comienza a adoptar una perspectiva de nivel superior. Sin embargo, para las dos últimas etapas (Alquimistas y Unificadores) es un proceso algo diferente. En esos tramos altos, la persona se convierte en un buscador, deseando proactivamente percibir más allá de su modelo actual de realidad. El crecimiento provendría de una serie de incidentes o revelaciones con frecuencia buscados. A menudo, la liberación final al nivel más alto de consciencia se desencadena por un acontecimiento de carácter espiritual.

CAPÍTULO 3

El legado de Maslow

> «La mayoría de los lujos y muchas de las llamadas comodidades de la vida no solo no son indispensables, sino más bien obstáculos a la elevación de la humanidad».
>
> Henry David Thoreau

Abraham Maslow (1908-1970) fue uno de los psicólogos más importantes de los tiempos modernos. Creía que los seres humanos poseían un gran potencial. Pensaba que respondemos a motivaciones más profundas que simplemente las recompensas, castigos e impulsos subconscientes. Para Maslow, la gente está llena de potencial positivo. Desarrolló la psicología humanista (junto a Carl Rogers), que se centra en el potencial de las personas. Otros psicólogos ayudaron a desarrollar diferentes elementos de esta corriente, pero en gran parte se le considera el padre del movimiento humanista en psicología.

La pirámide de las necesidades humanas esbozada por Maslow es una de sus contribuciones más duraderas a la psicología. En su esquema sobre la motivación, tal como fue construido por él, describió que las necesidades humanas están dispuestas en una pirámide. Una persona debe completar un nivel para pasar al siguiente, aunque no todas las personas se mueven a través de cada una de las etapas. He querido añadir el sexto nivel (no incluido generalmente en las versiones estándar), puesto que muestra un modelo más preciso, teniendo en cuenta el trabajo posterior de Maslow y lo que explicó en su diario privado.

Podríamos representarlo de la siguiente manera:

1. Necesidades fisiológicas (supervivencia): se busca obtener las necesidades básicas de la vida.
2. Necesidades de seguridad: se busca seguridad a través del orden y la ley.
3. Necesidades de pertenencia y amor: se busca afiliación a un grupo.
4. Necesidades de reconocimiento: se busca el reconocimiento a través del aprecio o el logro.
5. Autorrealización: se busca el cumplimiento del potencial personal.
6. Autotranscendencia: se intenta promover una causa más allá del yo y experimentar una comunión por encima de los límites individuales, a través de experiencias cumbre.

Maslow prestó especial atención a la necesidad humana de la autorrealización. Seleccionó 48 seres humanos extraordinarios para su estudio sobre la autorrealización y luego describió los patrones comunes a todos. Concluyó que los valores humanos más elevados están asociados con la autorrealización. Es decir, el esfuerzo por la salud, la búsqueda de la identidad y la autonomía, y el anhelo de la excelencia. Se trata de la necesidad de desarrollo de la naturaleza humana esencial; un impulso hacia una personalidad unificada, hacia la «expresividad espontánea», hacia la identidad y la individualidad plenas, «hacia ver la verdad en lugar de quedarse a ciegas», hacia ser bueno en lugar de malvado, y hacia la creatividad.

Al final Maslow se dio cuenta de que la vida espiritual constituye el rasgo más esencial de la humanidad. Dicho esto, él afirmaba que hay dos conjuntos de fuerzas tirando del individuo. Por una parte, las presiones hacia la salud y la autorrealización. Y, por otra, la presión regresiva hacia atrás en la dirección de las debilidades y la enfermedad. Cuando las neurosis están relacionadas con «trastornos espirituales», traen pérdida de sentido, ira y dolor por el amor perdido, pérdida de esperanza y valor, desesperación sobre el futuro, o se puede percibir que se está desperdiciando la vida y que es negada la posibilidad de gozo o amor. Estos serían los fracasos que nos impiden llegar a lo más alto de nuestro potencial.

Como Maslow especifica en sus *Diarios* (1969), los trascendentes van más allá de las necesidades básicas y se alinean con la excelencia, la perfección y el trabajo bien hecho. Se identifican con el cosmos y sienten que pertenecen a él por derecho (consciencia cósmica). Entienden la vida como algo sagrado, trascienden el ego y están motivados por objetivos más impersonales. Tienen un tipo trascendente de objetividad, y así observan mejor la realidad. Van más allá de las decisiones y las elecciones, permitiendo que el universo (del que ya no se sienten separados) decida, por lo que van en la dirección de la corriente. Ya no están preocupados por su propia singularidad y seguridad, ya que están más allá del egoísmo y la individualidad acérrima.

En el nivel de la autorrealización, el individuo se focaliza en actualizar su propio potencial. Por lo tanto, hay un cierto aspecto de autoengrandecimiento en esta etapa de motivación, como lo hay en todas las etapas anteriores. En el nivel de autotrascendencia, las necesidades individuales se ponen en un segundo plano, en favor del servicio a los demás y a alguna fuerza o causa superior concebida fuera del yo personal.

La cuestión crucial es saber qué constituye la motivación principal para la persona. Todas las personas experimentan hambre. Sin embargo, el hambre es la experiencia definitoria solo para individuos centrados en el nivel fisiológico o de supervivencia en la pirámide de necesidades de Maslow. De ese modo, la experiencia de la trascendencia es una cosa, y que la motivación principal en la vida sea la autotrascendencia es otra completamente diferente.

Maslow afirmó que, en su vida cotidiana, las personas están orientadas hacia el crecimiento o hacia la seguridad. Una orientación al crecimiento es lo que facilita mayor salud psicológica y bienestar. También habló sobre el deseo de plenitud que está en la esencia de la motivación humana (aunque en la parte superior de las necesidades) y es lo que en última instancia impulsa a una persona a buscar llegar a su máximo potencial.

¿Qué implica tener experiencias de autorrealización?

- Experimentar de manera plena y vívida, completamente involucrados con lo que ocurre.
- Elegir progresar en lugar de acomodarnos, optar por el crecimiento en lugar de dejarnos arrastrar por el miedo.
- Dejar que el yo surja escuchando la voz interior, en lugar de la voz de nuestros padres, de la autoridad o de la tradición.
- Ser honesto en lugar de engañarse, asumir la responsabilidad de las creencias y perspectivas que uno tiene.
- Ser valiente; atreverse a ser diferente, impopular, inconformista.
- Usar la inteligencia para pasar por un arduo y exigente período de preparación con el fin de expandir las posibilidades que uno tiene.
- Establecer las condiciones para que se produzcan experiencias cumbre. Por ejemplo, eliminando nociones falsas.
- Identificar las propias defensas y armarse de valor para abandonarlas.

Al final de su vida, Maslow comenzó a distinguir entre las personas que estaban movidas por la autorrealización pero sin trascendencia (esencialmente más prácticas, realistas, mundanas y seculares; hacedoras en lugar de meditadoras; eficaces y pragmáticas en lugar de estéticas; focalizadas en lo cognitivo en lugar de interesarse por lo emocional) y las que en ese nivel sí están motivadas, además, por la trascendencia. Es decir, las que buscan una percepción unificadora y una fusión de lo eterno con lo temporal, de lo sagrado con lo profano. Maslow terminó pensando que la autorrealización no es suficiente para que los seres humanos funcionen de manera óptima. El psicólogo humanista nos dio ejemplos de los primeros: Eleanor Roosevelt, Harry Truman o Eisenhower; y de los segundos: Aldous Huxley y Einstein.

De hecho, durante los tres últimos años de su vida, Maslow reconoció que la psicología transpersonal era una fuerza separada del enfoque humanista, pues la autotrascendencia difiere de la autorrealización. Definió el concepto de autotrascendencia como la intención de beneficiar a otros, buscando la comunión con lo trascendente, tal vez a través de experiencias místicas o transpersonales, identificándose con algo más grande que el yo puramente individual, a menudo participando en el servicio a los demás. Incluso modificó su modelo de motivación de jerarquía de necesidades para incluir este nivel adicional. Aunque el modelo anterior posiciona la forma más alta de desarrollo de motivación en los individuos estables y satisfechos, el modelo posterior coloca la cumbre en lo transpersonal, donde el yo y sus necesidades trascienden.

Con el fin de que sea más comprensible para el lector, voy a plantear un conjunto compilado de cualidades por las que Maslow distingue a los autorrealizados transcendentes de los que no lo son. A continuación, algunas características de los transcendentes:

- Las experiencias cumbre se convierten en lo más importante en su vida, los aspectos que más tienden a apreciar.
- Hablan natural e inconscientemente el lenguaje de los poetas, los místicos, los visionarios, las personas que viven bajo la perspectiva de la eternidad, el lenguaje de la parábola y de la paradoja.
- Perciben lo sagrado dentro de lo secular, y al mismo tiempo son capaces de actuar a nivel práctico y cotidiano.
- Están motivados por los valores de perfección, verdad, belleza, bondad, unidad y trascendencia.
- Se reconocen mutuamente, y establecen una conexión casi instantánea, con comprensión mutua incluso desde la primera ocasión.
- Son más sensibles a la belleza, o más bien tienden a apreciar la belleza en todo.
- Son holísticos. Ven a la humanidad como un conjunto, y los conceptos limitantes como el interés nacional o la religión de la familia dejan de existir para ellos.

- Trascienden el ego y la identidad personal más a menudo y más fácilmente.
- Son personas amables y suelen ser inspiradoras.
- Son mucho más propensos a ser innovadores, a descubrir lo nuevo, a adelantarse a lo que podría ser, a explorar el posible potencial.
- Pueden tener más momentos de euforia, y al mismo tiempo son más propensos a la tristeza cósmica al percibir la estupidez, la crueldad y la ceguera de los seres humanos.
- Consideran a una persona menos avanzada como un hermano menos desarrollado, como un miembro de la familia humana que debe ser amado y cuidado.
- Encuentran el misterio atractivo, en lugar de aterrador. No persiguen el conocimiento para reducir la ansiedad, lo toman con un sentido de asombro, humildad, y reverencia.
- Tienen una mayor comprensión del mal aparente, lo que genera una mayor compasión en ellos y una lucha menos ambivalente y más decisiva contra él.
- Son más propensos a considerarse a sí mismos como instrumentos de los custodios transpersonales y temporales de una inteligencia superior. Eso implica un tipo particular de desapego hacia sí mismos que desde fuera podría considerarse arrogancia o grandiosidad.
- Mientras que los autorrealizados tienen identidades fuertes, saben quiénes son, a dónde van, lo que quieren, en qué son buenos, y están alineados con su verdadera naturaleza, los trascendentales son esto y más, ya que les es más fácil trascender el ego y la identidad estrecha.
- Comparten la visión del Tao: lo ven todo como algo milagroso, perfecto tal y como es. Por lo tanto, no se sienten presionados a empujar, no consideran que todo necesite ser mejorado o invadido.

PARTE 2

Los 7 pasos hacia la sabiduría

«La mayoría de los seres humanos hoy en día desperdician entre veinticinco y treinta años de sus vidas antes de romper con las mentiras reales y convencionales que les rodean».

Isadora Duncan

Los humanos nos desarrollamos a través de una serie de etapas internas que implican un refinamiento progresivo de nuestra madurez. Todos compartimos esta odisea particular de viajar cuesta arriba a través de los diferentes peldaños hasta que alcancemos la unidad con todo lo que es. Un bebé solo sigue los impulsos de supervivencia, y, después, el niño pequeño solo ve su ego. El joven adulto aprende a apreciar su estrecho grupo social. Y esperamos que, en algún momento, sea capaz de trascenderlo y ampliar su perspectiva globalmente, más allá del grupo social propio para, al final, integrarse plenamente en una íntima relación con todos los seres vivos.

Moverse a través de las etapas también implica ser capaz de abarcar más consciencia, conciencia y compasión. Podríamos decir que lo que cambia a través de las diferentes etapas es el sistema operativo de la persona. Teniendo en cuenta que cualquier forma de progresión y evolución debe incluir lo anterior, es la única manera de trascender una etapa previa. Ninguna de estas etapas es mejor o peor que las otras. Son simplemente escalones de desarrollo que todos tenemos el potencial de experimentar. En todo caso, damos más valor a uno que a otro únicamente por el hecho de que con cada nivel superior una persona obtiene una perspectiva más inclusiva y un impacto más beneficioso en los demás, especialmente en las etapas finales.

La evolución es intrínsecamente intencionada pero no es lineal, es bastante compleja e implica muchas idas y venidas. Además, cada etapa describe un resultado ideal y rara vez encajamos en todos los aspectos de las descripciones. Las etapas sirven más como una hoja de ruta, diseñada como un apoyo para que nos familiaricemos con cómo experimentamos la realidad y para que nos ayude a navegar por la esfera del ser humano. Puede aclarar nuestra orientación actual y lo que nos espera. También puede ayudarnos a entender a otras personas y relacionarnos con ellas con mayor empatía y eficacia, además de ofrecer una visión inspiradora de nuestro potencial evolutivo humano colectivo.

Nuestro centro de gravedad y, por lo tanto, el filtro en cada etapa, afecta completamente la forma en la que interpretamos nuestra visión del mundo, de qué somos conscientes, cómo tomamos decisiones y cómo nos comportamos. Las investigaciones muestran que está enormemente influenciado por la cultura y los amigos que nos rodean, por los tiempos históricos, las normas y lo que se premia socialmente, además de por nuestras circunstancias vitales. Todos estos pueden ser elementos limitantes o estimulantes para nuestra progresión de desarrollo. El marco presentado aquí puede ofrecer la oportunidad de entender cómo las personas interpretan los eventos y cómo pueden responder ante determinadas circunstancias. Puede ser particularmente útil para aquellos dedicados al aprendizaje permanente, por lo que pueden ser capaces de considerar este conocimiento con el fin de ser más conscientes de sí mismos y transformar sus capacidades y las de los que les rodean para florecer. También nos puede servir prestar atención a la etapa en la que estamos. Solo entonces podremos trabajar deliberadamente para cambiar nuestra perspectiva, pensamientos, sentimientos y acciones. Debemos tener en cuenta que nuestra etapa de desarrollo es como un filtro o perspectiva; no es en absoluto quiénes somos.

En aras de la claridad, me gustaría mencionar que muy pocas personas se desarrollan en los ámbitos superiores de este espectro. El mayor obstáculo para los seres humanos en el camino de la evolución es probablemente la lucha solitaria por la que todos tenemos que pasar con el fin de descubrir nuestra propia luz y paz interior. La mayoría de la gente toma una posición y permanece allí toda su vida, en lugar de seguir adelante. Esto sucede por una variedad de razones que explicaremos más adelante. Como en la naturaleza, pocas semillas brotan y solo un puñado de ellas son capaces de dar fruto.

Una pregunta que puede surgir es: ¿por qué tenemos que seguir creciendo hasta un terreno más elevado? ¿Y qué sentido tiene todo este desarrollo si en última instancia la vida es una ilusión o maya, y, como señaló Shakespeare, «todo el mundo es un escenario, y todos los hombres y mujeres son meramente actores»? Supongo que depende de nuestra tolerancia al sufrimiento. Si la persona puede soportar un alto grado de sufrimiento sin inmutarse, no tiene sentido querer seguir evolucionando. Si, por el contrario, la persona está harta de sentirse atrapada en una rueda de penurias, conflictos interminables, batallas sin fin, insatisfacción omnipresente y profundo vacío interior... entonces tal vez quiera tomar medidas para liberarse. Afortunadamente, hay caminos que nos permiten hacerlo. Solo lo haremos cuando estemos cansados de ser sometidos y torturados, pero tenemos que estar dispuestos a tomarlos conscientemente y subir la escalera.

En estos tiempos difíciles de ansiedad generalizada en los que tantas cosas parecen desmoronarse, el miedo puede tentarnos a quedarnos estancados en nuestras convicciones. En este caótico período de transición existe la urgente necesidad de trascender los puntos de vista centrados en el ego hacia un nivel más amplio y saludable desde el cual podemos apreciar las contribuciones de todos los demás niveles, y a continuación avanzar con un diálogo inclusivo en torno a nuestros difíciles problemas modernos. Creo que una espiritualidad no dogmática y llena de compasión será la vía por la cual muchos podrán avanzar. El salto requerido para nuestra nueva era debe venir del corazón, en lugar de ser meramente cognitivo. En última instancia, desde la perspectiva evolutiva, la única solución sostenible a la crisis planetaria es un cambio global hacia una nueva consciencia.

CAPÍTULO 4

Comenzar a integrar las experiencias

«Contrariamente a la opinión más profesional, una constante insatisfacción con la vida no es un signo de enfermedad mental, ni un indicio de mal ajuste social, ni un trastorno de personalidad. Una persona que está empezando a sentir el sufrimiento de la vida está empezando a despertar a realidades más profundas, a realidades más verdaderas».

KEN WILBER

La sabiduría no se empieza a adquirir hasta haber pasado un determinado umbral, particularmente tras dejar atrás las etapas más infantiles, en las que la persona solo está preocupada por su seguridad y la satisfacción de las necesidades básicas, y se mueve impulsivamente hacia estos fines. Las relaciones con los demás se limitan a lo que otros pueden proporcionarle para satisfacer esas necesidades. El sentido de uno mismo es más visceral que intelectual, es sobre todo reactivo y automático. Los individuos en esta primera etapa de desarrollo están interesados en el poder al servicio de sus propios objetivos egocéntricos. Ven el mundo exclusivamente en función de sus propias necesidades y deseos, y buscan controlar y manipular a los demás para obtener lo que quieren. Valoran la uniformidad. Necesitan resistirse a la voluntad de los demás, probar los límites y hacer valer su propio control. Para ellos el mundo es un lugar hostil y peligroso. Las reglas se reconocen, pero solamente se siguen para obtener alguna ventaja o para evitar el castigo. No entienden bien la conexión entre acción y consecuencias, y culpan a los demás de sus propias deficiencias como una forma de protección. Estaríamos hablando del primer bloque que mencionamos en el capítulo 2, el «preconvencional», que incluiría al 10 por ciento de la población occidental.

En el bloque «convencional» (aproximadamente el 75 por ciento de la población de las naciones occidentales), las personas están preocupadas por obtener más conocimiento sobre cómo trabajar eficazmente en el mundo. El progreso se define mediante el descubrimiento de más piezas del rompecabezas: patrones distintivos, reglas y leyes que rigen cómo funcionan las cosas; aprender a predecir, medir y explicar mejor el mundo. Es decir, por ser capaz de aumentar el conocimiento y tomar más responsabilidad sobre la propia vida. La madurez social se detiene aquí, pues la mayoría de los adultos no progresan más allá de este bloque. Ahora iré presentando los siete pasos, del más básico al más desarrollado.

1. Conformistas (aproximadamente el 12 por ciento de la población occidental)

La mayoría de las personas llegan a esta etapa a los doce años, aunque algunos adultos permanecen aquí. En el desarrollo saludable, esta es la etapa de la preadolescencia, aunque muchas personas se anclan aquí a lo largo de la vida. Su identidad se define por su relación con un grupo. Esto conduce a que se confundan los límites entre uno mismo y el grupo (ya sea familia, equipo o nación). Los Conformistas no toman la iniciativa, sino que buscan seguir la cultura reinante, complaciendo, buscando la aceptación y adhiriéndose a las normas grupales y culturales. Aceptan normas y roles sin cuestionarlos. Viven sobre la base de las reglas y los «deberías», y se identifican con aquellos que comparten sus gustos y perspectivas. No les gusta destacar, y tienden a renunciar a la responsabilidad de tomar decisiones, dejándosela a los líderes del grupo. El precio de la protección es la lealtad y la obediencia. Para ellos, es fundamental agradar y ser apreciados. Las personas son juzgadas por su aspecto, y se preocupan mucho por lo que los demás piensan sobre ellos. Tienden a aceptar las normas sin cuestionarlas. Su sistema cognitivo se divide en categorías simples y tipos de personas, principalmente basados en distinciones externas. Dan muchos consejos, diciéndoles a los demás lo que tienen que hacer o dejar de hacer. Se identifican con aquellos que comparten los mismos gustos, creencias, características y objetivos, y se sienten amenazados por la diferencia.

2. Expertos (aproximadamente el 30 por ciento de la población occidental)

Necesitan diferenciarse del contexto familiar inmediato, y afirmar y expresar su independencia recién descubierta. Quieren verse a sí mismos como especiales. A diferencia de los Conformistas, no les importa afirmar sus necesidades y deseos con asertividad. Al contrario, ahora quieren ser aceptados por otros debido a su diferencia. También están motivados por destacar y quieren ser mejores que los demás. Las personas en esta etapa tratan de ejercer control perfeccionando su conocimiento en la vida personal y profesional. Tienden a adherirse a una ideología o teoría particular que defienden de todo corazón. Los Expertos necesitan tener la última palabra, quedar siempre como los vencedores. Creen que lo saben todo, y suelen pensar que los demás están equivocados. Los otros son juzgados en función de sus propias capacidades y estándares. Por ello caen fácilmente en la agresión intelectual, criticando acérrimamente al que piensa diferente. El complejo de superioridad no se oculta. Desacreditan todo material que no encaje en su marco, descartándolo o menospreciando a otros. A menudo tienen un sentido del humor hostil. Les preocupa mucho el cumplimiento de sus responsabilidades y deberes, y a menudo tienen tendencias compulsivas y perfeccionistas.

Aunque poseen una capacidad cognitiva para mirar en su interior, su defensa tiende a ser ultrarracional. Viven en un mundo donde las cosas son seguras y claras, y están siempre dispuestos a imponer sus puntos de vista a los demás. La mayoría de las culturas están dirigidas por Expertos.

3. Triunfadores (aproximadamente el 30 por ciento de la población occidental)

Es considerada la etapa adulta más alta en la mayoría de las culturas occidentales, y la sociedad apoya, promueve y recompensa sus logros. Es una condición previa necesaria para que la democracia funcione, ya que requiere ciudadanos capaces de deliberar racionalmente y elegir para englobar al conjunto y al mismo tiempo permitir que la ley refleje los cambios.

Las personas situadas aquí se esfuerzan por alcanzar sus metas, tienen sus propios estándares y son autocríticas. Tienen principios en los que creen. Cultivan relaciones y son capaces de reconocer múltiples perspectivas y posibilidades. Buscan *feedback* acerca de su superación personal que les sirve para lograr mejor sus objetivos, pero no buscan (e incluso tienden a rechazar) el *feedback* que desafía el paradigma desde el cual funcionan. Comprometidos en sus proyectos, difícilmente se paran a mirar el momento presente y reflexionar sobre la vida más profundamente.

Tienen una gran capacidad para manejar datos y dotar de sentido sistemático y racional su experiencia. En la sociedad occidental lo llamamos objetividad. Sin embargo, porque se puedan manejar los elementos y ponerlos en un esquema coherente, esto no los convierte automáticamente en un reflejo veraz de la realidad. Es necesario darse cuenta de esto para poder evolucionar del yo creador al yo capaz de transformarse a sí mismo. Solo cuando se puede abrazar la contradicción y la oposición aparentes se pueden mantener múltiples sistemas de pensamiento. Solo entonces se puede entender que el yo no es algo con lo que identificarse y defender a toda costa, sino una percepción fluida en constante cambio.

Los Triunfadores pueden pertenecer a diversos grupos al mismo tiempo, con diferentes agendas y estilos, sin sentirse divididos entre ellos ni confundirse con respecto a las lealtades en competencia. Los contactos sociales se vuelven cada vez más diversos y ricos. Los demás son apreciados por tener diferentes conocimientos, siempre y cuando no interfieran con sus creencias y valores. Dan su lealtad a un sistema de creencias que han elegido, en lugar de a las personas que les dirigen.

Están interesados en las razones, causas, objetivos y efectos, y en el uso efectivo del tiempo. Los Triunfadores también pueden interesarse en la verdad sobre sí mismos a través del *feedback* y la introspección. Generalmente tienen una autoestima alta basada en sus éxitos, su capacidad de controlar su vida y su fuerte sentido de la independencia. Su autoestima depende de alcanzar el conjunto de metas que se han fijado, y en mucha menor medida de la reafirmación y aprobación externa.

En esta etapa, aparece la creencia en la posibilidad de alcanzar la perfección y el método científico para descubrir la verdad: cómo son realmente las cosas y la esencia de la naturaleza humana. Los Triunfadores están interesados en el análisis y en mejorar sus propios métodos de investigación y medición. Les preocupa hacer las cosas con responsabilidad y eficacia. Hay una necesidad de sobresalir y ser mejores que los demás. Es importante para ellos ser admirados por sus logros, y tienden a conservar un deseo de reconocimiento. Pueden tener el impulso de lograr algo en este mundo o de mejorar el mundo, más que de estar dirigidos al desarrollo de sí mismos, como ocurre en etapas posteriores. Tienen un sentido marcado de responsabilidad y obligación hacia los demás, aún cuando persiguen sus propios objetivos.

Los estudios han demostrado que la gran mayoría de los adultos se estabilizan en este nivel convencional, lo cual está claramente muy por debajo del máximo potencial que albergan los seres humanos. Las personas en este nivel toman las reglas, normas sociales y estructuras de poder como parte de una realidad estable, sin reconocer que están viendo el mundo a través de un filtro específico que sesga su visión.

CAPÍTULO 5

Ir más allá de lo mayoritario

> «Si estás tratando de ser como todo el mundo, no sabes lo increíble que puedes ser. No importa, increíble es demasiado convencional hoy en día. Intenta ser tú mismo, es mejor que ser normal».
>
> ANÓNIMO

En el nivel «posconvencional» (que representa aproximadamente el 18 por ciento de la población en las naciones occidentales), la gente se percata de que somos nosotros los que conferimos un sentido diferente a las cosas en función de la posición que adoptamos, de nuestra perspectiva y de la interpretación de las mismas. Por lo tanto, no existe una realidad absoluta u objetiva.

La gente comienza a alejarse de la búsqueda de diferenciación y avanza hacia una mayor integración. Les preocupa más la conexión con los demás que las diferencias individuales, alejándose de la perspectiva individualista. También empiezan a cuestionar los supuestos clave de las etapas anteriores, incluida la realidad de la existencia de un yo separado. En las etapas posconvencionales, el mundo se toma como un sistema dinámico e interconectado en lugar de una variedad aleatoria de elementos y acontecimientos individuales. De alguna manera, comenzamos nuestro viaje de vida fusionados con nuestra madre, y crecemos diferenciándonos y descubriéndonos gradualmente como seres independientes y separados. Paradójicamente, llegamos a las últimas etapas a medida que nos acercamos a la unidad con el Todo.

Dado que este libro se centra principalmente en explorar las últimas etapas del desarrollo humano, dedicaremos el siguiente capítulo específicamente a describir en profundidad las características de las personas en esta etapa: Individualistas, Estrategas, Alquimistas y Unificadores. Pero, antes de eso, vamos a tratar de responder a algunas preguntas intrigantes…

¿Qué nos lleva a hacer la transición entre etapas? Las razones que provocan que la gente se mueva de una etapa a otra es un misterio. Parece que la aparición de un dilema que nos desorienta, o luchar contra algo que no podemos entender desde nuestra perspectiva actual, puede conducir a una etapa posterior. Esos dilemas de la vida suelen venir disfrazados de crisis: nuestra pareja fallece, nos diagnostican una enfermedad grave, nos despiden, perdemos la fe… Muchas veces, la expansión que puede venir como consecuencia de un *shock* tan grande es horizontal, sin cambios de nivel de desarrollo o sin modificaciones en nuestra visión del mundo. En ese caso, solo representa una profundización del espacio que habitamos en el presente.

¿Por qué resulta tan difícil progresar de una etapa a la siguiente? No es fácil porque el desarrollo interno requiere un cierto grado de incertidumbre y ambigüedad que la mayoría de la gente trata de evitar a toda costa. El desequilibrio tiende a crear ansiedad y nuestra tendencia es mantenernos alejados de las experiencias que pueden desafiarnos y de la información que nos hace cuestionar nuestras propias bases o suposiciones. No nos interesa demasiado crecer a partir de puntos de vista que puedan cuestionar nuestra perspectiva actual. Preferimos mantener nuestra percepción tal y como está, así como los sistemas de creencias y los patrones con los que nos movemos; incluso si no nos satisfacen y estamos descontentos. A menos que la vida nos empuje a ello, no es probable que superemos nuestras limitaciones. Todos tenemos una tendencia a encontrar nichos cómodos que nos protejan del cuestionamiento interno.

Lo cierto es que las personas deben desarrollarse hacia un mayor nivel de complejidad para pasar a la siguiente etapa. Incluso si pueden entender cognitivamente una etapa posterior a la que están, miran a través de su propio filtro para interpretar ese nivel posterior. Como acabamos de señalar, el movimiento de una etapa a la superior parece requerir cierta disonancia en la vida, y no está relacionado con la edad. Debemos tener en cuenta que el simple cambio no es sinónimo de desarrollo estructural. Este último implica mantener una mayor complejidad que, una vez alcanzada, no se pierde.

A pesar de que los niveles convencionales actualmente predominantes (Experto y Triunfador) han creado la tecnología global actual, los sistemas políticos y la ciencia que han resuelto muchos problemas cruciales de la humanidad, esta visión también es responsable de los principales problemas a los que ahora nos enfrentamos en el planeta, debido al razonamiento limitado, cortoplacista y empírico. Una forma analítica de pensar está adaptada para calcular los medios para alcanzar los objetivos planificados, pero no es adecuada para tratar cuestiones esenciales como decidir qué objetivos se deben seguir y desafiar algunas de las bases que comúnmente se dan por sentadas.

La experiencia técnica —incluso si se trata de tecnología de vanguardia— no es capaz de adaptarse a los complejos desafíos globales y locales actuales. Tampoco se pueden resolver gracias a líderes carismáticos o llenos de determinación. Nuestra sociedad posmoderna exige más que la mera adquisición de habilidades específicas o el dominio de ciertos tipos de conocimiento. Lo que se requiere es una clara expansión de nuestra conciencia más allá de la mentalidad convencional, que ya no está orientada a responder eficazmente a los retos que existen.

A gran escala, el mundo tampoco puede ser ayudado por un solo individuo, a menos que este haya experimentado una liberación completa de toda intención egoísta, de la ceguera de las decisiones del ego y de toda creencia de que los puntos de vista cristalizados son correctos; especialmente cuando tales puntos de vista están ineludiblemente condicionados por el entorno, el contexto, la cultura y una perspectiva miope. Necesitamos urgentemente un cambio de consciencia en el planeta: nuestro propósito no puede ser la acumulación de recursos materiales, sino hacer un bien mayor. Tenemos que darnos cuenta de que la concentración de la riqueza y la falta de voluntad para compartir es una locura. En realidad, es uno de los factores más influyentes en los dilemas sociales y políticos cruciales a los que nos enfrentamos ahora.

Además, debemos acompañarlo de una fuerte motivación para buscar y encontrar la paz interior. Si todo el mundo emprendiera este camino, pondríamos fin a todas las guerras, eliminaríamos los conflictos, evitaríamos la injusticia y llevaríamos al mundo a la paz eterna. Lo que se necesita no es un cambio de circunstancias, políticas o institucionales, sino un cambio de conciencia. Ya hemos intentado los cambios de las maneras habituales, y, observando nuestra época, no parece que hayamos llegado muy lejos. Seguimos encontrando los mismos problemas una y otra vez sin ninguna solución estable que nos incluya a todos.

La Tierra nunca ha sido un lugar fácil para creadores, sanadores o líderes con pensamiento vanguardista. Parece que estaban motivados por ideales para los que el mundo no estaba preparado. Aquellos que no encajaban en la estructura mayoritaria fueron recibidos con gran resistencia. Cuanto menos convencionales eran, más probabilidades de ser perseguidos, condenados e incluso asesinados. Nunca ha sido fácil ser diferente y más evolucionado que los demás.

El desarrollo cognitivo es necesario, pero insuficiente para el desarrollo de conciencia. Por lo tanto, los niveles más altos de educación y formación profesional no garantizan el movimiento al nivel posconvencional. Parte de la escasez de personas en estas etapas posteriores y por qué el desarrollo de estas etapas parece difícil se puede achacar a la falta de oportunidades de desarrollo, así como a la falta de apoyo social en nuestra cultura para seguir progresando.

En Australia, por ejemplo, hay un programa de liderazgo que trata de promover el avance de los participantes hacia el nivel posconvencional. Es un programa que lleva a los ejecutivos a entornos a los que de otro modo nunca irían. Sirven comidas en un centro de personas sin hogar, trabajan con personas con discapacidades para ayudarles a encontrar un trabajo adecuado, hablan con presos sobre sus condiciones de vida, se reúnen con ancianos indígenas para conversar sobre los desafíos en sus comunidades, visitan a agricultores en el campo, acuden a un juicio por asesinato o por tráfico de drogas en un tribunal de justicia, van a representaciones artísticas, visitan proyectos de negocios… y se les guía para reflexionar sobre todas esas nuevas experiencias y encuentros. De esta manera, están expuestos a otras realidades y comienzan a aprender que los problemas se pueden ver a través de diferentes perspectivas, que las cuestiones no se pueden considerar de forma aislada, que todos estamos interrelacionados, que la naturaleza humana está llena de paradojas y que filtramos la realidad a través de nuestros hábitos, experiencias pasadas y sesgos.

Con el fin de proporcionar pautas, revisemos varios rasgos generales comunes en el nivel posconvencional:

- Voluntad de aceptar la complejidad y la ambigüedad cuando aparecen.
- Alto grado de introspección y conciencia interior. Exploran lo que es correcto para sí mismos y se esfuerzan por expresarlo en su vida.
- Búsqueda de una coherencia interior sobre quiénes son actualmente y lo que la vida les exige, dando a esto mucha más importancia que las ganancias materiales u otros logros convencionales como el éxito económico o los logros profesionales.
- No es necesariamente una vida fácil, pero muestran habilidades emocionales y mentales positivas, y están libres de arrepentimiento, resentimiento, cinismo, odio, celos e ira.
- Sensación de que el sentido de su vida surge de explorar quiénes son y en qué consiste su contribución a la sociedad.
- En momentos de cambio eligen permanecer con una sensación interior de malestar y falta de claridad, ya que valoran el crecimiento por sí mismo.

- Saben que es más importante la manera de pensar que el contenido de los pensamientos. Son conscientes que la visión del mundo es autoconstruida.
- Parece que las experiencias interculturales les son útiles, ya que presentan oportunidades para ampliar el conocimiento gracias a las experiencias personales y directas.
- El crecimiento para ellos es más importante que la seguridad. El crecimiento como progreso, aprendizaje, exploración y profundización en lugar de quedarse atascados en la necesidad de protección, supervivencia o defensa.
- A medida que las personas aumentan su nivel de desarrollo, los desequilibrios que conducen al crecimiento no provienen del entorno, sino de fuentes trascendentes no físicas.
- De alguna manera, creen que Descartes se equivocó: nuestros pensamientos y emociones son un aspecto inevitable de nuestro ser, pero también pueden ocultar nuestro interior más profundo.
- Cuando aparecen dificultades externas, los individuos convencionales tienden a percibir el crecimiento alcanzado como un cambio en el comportamiento, mientras que los posconvencionales ponen mayor énfasis en el aumento de la conciencia interna.
- Demuestran una sensibilidad sorprendente ante sus propios procesos mentales. Son capaces de admitir claramente sus debilidades y la negación, e incluso hablar explícitamente sobre los intentos automáticos de ocultarlos.
- Cuando llegan experiencias difíciles, admiten su vulnerabilidad y, en lugar de imponer un significado rápido a esas situaciones, simplemente se mantienen en ellas. Se permiten que esas circunstancias les conmuevan o les cambien, para bien o para mal, simplemente porque permanecen activamente comprometidos con la experiencia y receptivos a ella.
- Son capaces de rendirse, reconociendo que hay fuerzas fuera del propio control y más allá de sus intenciones.

- Las experiencias cumbre son especialmente importantes al principio del nivel posconvencional, cuando la persona entiende que la realidad consensuada es solo una versión o un mapa de una realidad subjetiva. Sin embargo, a medida que el crecimiento continúa, esas experiencias se vuelven menos cruciales y más naturales.
- Curiosamente, la disonancia con los valores culturales no es un gran problema para los individuos de este nivel. Una vez que se apartan conscientemente de las normas convencionales que se centran en los logros y el éxito, y lo hacen con el fin de priorizar la experiencia interna y un camino más dirigido por uno mismo, aceptan su propia salida de los raíles comunes y normalizan abrazar creencias que no se comparten universalmente.
- Aprecian las diferencias, mientras que en las etapas anteriores se busca similitud y estabilidad.
- Tendencia a aumentar su conciencia a través de prácticas y actividades específicas como la meditación, diversos tipos de terapia, *coaching* y yoga. Mantener una práctica espiritual comprometida que les ayude al crecimiento y aumente su conciencia interior parece ser bastante universal e implica enfrentarse a las tensiones que se hacen patentes cuando la perseverancia es necesaria.
- Aunque sería extremadamente útil para las sociedades occidentales, los estudios han demostrado que las personas posconvencionales no se sienten atraídas por el compromiso social o político en su forma actual.
- Cuentan con una gran conciencia interna, ganas de explorar su interior y tolerancia a la ambigüedad, en lugar de focalizarse en dominar sus circunstancias a voluntad.
- A medida que se alcanzan las etapas más altas del desarrollo posconvencional, las personas muestran una mayor capacidad de hacer frente a la incertidumbre, aceptar la responsabilidad por las decisiones que han tomado, equilibrar las necesidades

propias y las de los demás, y renunciar a lo inalcanzable. Para estos individuos, las relaciones interpersonales son intensas e implican un reconocimiento de la inevitable interdependencia de todos los seres.

CAPÍTULO 6

Descifrar lo más elevado

«Todo lo valioso en la sociedad humana depende de la oportunidad de desarrollo que se le otorgue al individuo».

Michelangelo di Lodovico Buonarroti

Creo que puede ser muy interesante tener un mapa de las etapas más altas del desarrollo humano, y dotarnos así de un marco para entender que hay una nueva arquitectura de crecimiento que podemos tener en cuenta y que nos muestra el camino a seguir. Es un proceso que conduce a una mayor integración y trascendencia, indicando movimientos en psicología del desarrollo, valores, visión del mundo y espiritualidad. No estamos hablando aquí de diferentes estados o incluso etapas relacionadas con las varias fases de la vida. Es fundamental conocer las partes elevadas del desarrollo humano si tenemos la intención de continuar subiendo por ellas. En realidad, puede acelerar nuestro crecimiento creando las conexiones necesarias y abriendo fronteras invisibles.

Estamos hablando de peldaños de una escalera hacia la unidad final; profundos cambios estructurales que podemos atravesar y que pueden convertirse en nuestro nuevo centro de gravedad interno, tanto en los procesos de pensamiento como de comportamiento. Esto es a lo que todos podemos aspirar para obtener una mayor plenitud para poder contribuir en mayor medida al mundo y ser capaces de alcanzar la unidad.

Continuando con lo que expusimos en el capítulo 3, las cuatro últimas etapas de desarrollo serían las siguientes:

4. Individualistas (alrededor del 15 por ciento de la población adulta)

Las personas que se sitúan en este nivel de desarrollo se dan cuenta de que las cosas no son necesariamente lo que parecían en los niveles anteriores, ya que la interpretación de la realidad siempre depende del observador.

Su enfoque ha pasado del logro al desarrollo psicológico y las relaciones, del análisis puramente racional a un enfoque más holístico en el que se tienen en cuenta los sentimientos y el contexto. Ahora el proceso se vuelve tan interesante como el resultado. A medida que se percatan de que la forma en que las personas dan sentido a su vida está condicionada social y culturalmente, la certeza científica como tal comienza a desmoronarse, y aprenden a examinar sus creencias para poner a prueba sus suposiciones. Las personas en esta etapa tienen más tolerancia a la diferencia y a las perspectivas alternativas. En lugar de aceptar las ideas tradicionales, entienden que son solo interpretaciones de la realidad. Los Individualistas se alejan de la noción de que lo que es verdad se define por la cultura y la familia. Son capaces de ver los muchos aspectos y polaridades conflictivas dentro de sí mismos y en el mundo. Se ocupan de estos conflictos y paradojas irresolubles en parte centrándose en el presente y aceptando la vida tal y como es. Ahora contemplan la posibilidad de que todo significado depende del contexto y de las relaciones, pero aún no han descubierto cómo estar a cargo de este significado de una manera práctica.

Dado que las identidades antiguas ya no son aceptadas sin cuestionarlas primero, los Individualistas buscan logros personales únicos libres de cualquier papel o esfuerzo socialmente aprobado. A menudo se retiran hasta cierto punto de los asuntos externos o de las tareas diarias de las organizaciones. En su lugar, se vuelven hacia adentro en busca de sus talentos únicos o se dedican a explorar respuestas a sus apremiantes preguntas. El deseo de autenticidad e integridad los empuja a soltar las hipocresías y farsas que suelen estar presentes en la personalidad. Dejan de hacer cosas que se basan en «deberías» que otros han intentado imponer. Dejan de vivir según los valores ajenos. Descubren que los deseos que constriñen a las personas en patrones de comportamiento que consideraban propios han sido recibidos de las manos de la sociedad, la familia y la cultura.

Como los Individualistas exploran sus sentimientos y motivaciones, también comienzan a tomar conciencia de lo fácil que es engañarse a uno mismo. La posibilidad de autoengaño defensivo, sesgo y distorsión basados en la propia cultura ahora se considera como un peligro real.

No solo están interesados en los derechos humanos, sino también en liberar a los seres humanos del dogma, la codicia y el juicio. La igualdad es muy importante para ellos, ya que no priorizan ningún tipo de vida por encima de otras.

Al estar interesados en la espontaneidad, la libertad y en seguir su propio camino, otros (especialmente los Triunfadores) pueden considerarlos soñadores impredecibles que no consiguen mucho.

Los Individualistas acogen con satisfacción el *feedback* necesario para el autoconocimiento y para descubrir los aspectos ocultos de su propio comportamiento. Aprecian el valor de ver ambos lados de un conflicto o explorar múltiples facetas en lugar de posicionarse. Para ellos, todas las posiciones son relativas, no quieren imponer sus interpretaciones a los demás y tratan de respetarlos y entenderlos en su posición. Celebran y valoran las diferencias individuales de una manera que los Triunfadores no pueden entender. Aprecian la libertad individual y permiten que los demás sean lo que quieran ser.

5. Estrategas (solo el 3 por ciento de las personas llegan a este nivel de madurez)

Las personas en esta etapa se comprometen conscientemente a crear una vida significativa para sí mismas y para los demás a través de la autorrealización. Están enfocados en sacar todo su potencial, guiados por altos principios. Sienten que pueden escribir su propia historia. Contemplan la vida como un viaje individual, donde cada persona debe encontrar su propio camino. Hay una senda para todos, y cada persona ha de responsabilizarse de sí misma y de su propia realización; cada persona debe reconciliarse a su manera con los conflictos internos inherentes al ser humano. Las principales motivaciones en esta etapa son el crecimiento personal y convertirse en la mejor versión de sí mismos. Su mayor temor es no exprimir su potencial, o no haber sido capaz de mantener la coherencia con sus principios básicos como la justicia, la tolerancia y la dignidad de las personas.

Para los Estrategas, su bienestar interior es de suma importancia, y además se hacen preguntas psicológicas sobre cómo apaciguar los conflictos y necesidades internas. La relatividad de la etapa anterior (que podría conducir fácilmente al cinismo y la desconfianza), aquí cambia al compromiso interpersonal y la responsabilidad de crear un sentido propio. Esta sensación de llevar las riendas permite a los Estrategas redescubrir, retener e integrar aspectos de sí mismos que eran demasiado confusos o amenazantes para que el Individualista los reconociera. Los Estrategas son los primeros en entender que diferentes personas funcionan desde diferentes niveles, y, por lo tanto, merecen diferentes enfoques, idiomas y expectativas, así que son capaces de entender y tratar a los demás en función de su nivel de consciencia. Aun así, el Estratega no considera todos los enfoques como iguales, y desarrolla preferencias basadas en sus valores y experiencia.

En este nivel, la interdependencia mutua es muy respetada y hay un sentido de responsabilidad hacia los demás, pues se los considera vitales para el bienestar propio porque a través del intercambio pueden ser una fuente de sabiduría y conocimiento más profundo. De hecho, querer ayudar a los demás a crecer es uno de los principales impulsos de los Estrategas. Psicólogos, consultores, *coaches* y terapeutas a menudo están en esta etapa, y a veces incluso ejecutivos y líderes que tienen este impulso interno. Cuando esta necesidad de ayudar a otros a ser su mejor versión encuentra resistencia, los Estrategas pueden impacientarse con el lento desarrollo ajeno y frustrarse con la reticencia a crecer de los demás. Esta es una de las debilidades de esta etapa.

El *feedback* es importante para los Estrategas, aunque son capaces de discriminar lo que reciben, analizándolo y utilizando solo lo que les es útil. Hablan activamente del aprendizaje como parte de la vida y se centran no solo en su propio desarrollo, sino también en el de cualquier persona importante para ellos. Albergan un intenso deseo de crecer, y la autenticidad interna es crucial para ellos. No tienen problemas a la hora de mantener límites estables y respetuosos con los demás, al mismo tiempo que establecen conexiones con otros, considerándoles compañeros en el camino de la vida.

Una mayor consciencia de su profundidad interior también les permite utilizar sueños, metáforas y la imaginación mucho más libremente que las personas en etapas anteriores. Sus pensamientos pueden volar y la imaginación ya no está contenida en la convención lógica. Por lo tanto, a menudo son pensadores intuitivos y muy creativos. Tienen tendencia a la reflexión, observándose y reevaluándose constantemente, y también a los demás y al mundo.

Los Estrategas a menudo consideran los aspectos diarios de la vida una distracción de sus verdaderas pasiones. Sin embargo, si su pasión implica guiar a los demás o darles servicio de algún modo, sus contribuciones pueden ser impactantes. Pueden convertirse en líderes carismáticos y seguir sus convicciones, independientemente de las consecuencias personales. Si sus convicciones los llevan hacia una dirección útil para los demás, los resultados pueden ser enormemente positivos.

Pueden dar amplias explicaciones psicológicas sobre los comportamientos humanos y no tienen ningún problema en expresar abiertamente sus conflictos internos, la ambigüedad e incluso las dudas, además de revelar una autoestima elevada. Aunque experimentan conflictos de roles y dilemas, los reconocen como inevitables. A diferencia de las personas en las dos etapas posteriores, los Estrategas se esfuerzan mucho por mantener su compostura y parecer razonables, maduros y equilibrados.

También detentan un enorme deseo de progresar en su desarrollo gracias a su esfuerzo y voluntad, y tienen una total confianza en su capacidad para hacerlo. Probablemente por eso otros a veces pueden verlos como arrogantes y agresivos. Los Estrategas suelen poseer tanta voluntad y determinación que no pararán su enfoque deliberado en el crecimiento hasta que hayan profundizado y agotado cada práctica que puedan aprender. Lo que no contemplan es que esta voluntad también viene del ego, y es necesario aprender a soltarlo para pasar a niveles posteriores.

6. Alquimistas (solo el 1 por ciento de la población llega a esta fase poco común)

Los individuos aquí comienzan a alejarse de una identidad propia basada en el ego. Empiezan a darse cuenta del absurdo de los límites que los humanos se imponen a sí mismos a través de sus mapas mentales. A medida que comienzan a mutar su identidad hacia la consciencia transpersonal, la personalidad comienza a cuestionar que el yo sea una entidad verdaderamente independiente, separada y autónoma en un mundo aislado, desconectado y sin sentido. Los límites comienzan a disolverse a medida que la personalidad se mueve hacia la interdependencia en todos los niveles: cuerpo, mente, espíritu, el entorno, los otros, el cosmos. Por tanto, se ven integrados en la totalidad de lo que es. Esta expansión del punto de vista es el resultado de su mayor apertura, pues ahora confían en las propias emociones e intuiciones, y se centran en considerar su vida como parte de un proceso. Ven el mundo en términos de relaciones y patrones de interacción, en lugar de un cúmulo de egos individuales que viven en aislamiento existencial, separados y autónomos.

Se dan cuenta de las profundas divisiones y paradojas inherentes al pensamiento racional. Tienen un pie en el yo separado y el otro pie en lo trascendente. De alguna manera, experimentan el yo en parte desde la perspectiva de una entidad separada e individual, y en parte como el infinito conectado con el resto del universo. Ahora pueden contemplar su ego por lo que es (un mapa de la realidad, una forma de ver las cosas) en lugar de algo sólido, aunque aún no lo han trascendido del todo. Al no tomar el yo separado como algo permanente y granítico, sino como parte de su experiencia de vida, comienzan a desidentificarse con él. Su sentido de sí mismos lo incluye, pero le añade el número infinito de interconexiones que comparten con el resto del universo. En este nivel, no lo saben de forma intelectual, sino más bien como algo que realmente sienten.

En esta etapa, la gente parece apartarse de la adhesión muy literal a filosofías y prácticas específicas que se puede ver en niveles anteriores de desarrollo. Aunque los Alquimistas (y los Unificadores) todavía pueden estar muy interesados en sus prácticas y estudios de ciertas corrientes de pensamiento o espiritualidad, no buscan un respaldo rígido e inequívoco de ningún grupo o visión del mundo. En realidad, parece que la adhesión incuestionable e inflexible a una doctrina particular se convierte en un obstáculo para un mayor desarrollo.

Son capaces de construir e integrar sorprendentemente diferentes enfoques, ideas y conceptos. Tienen una capacidad asombrosa para lidiar con la complejidad de una manera sencilla. Aunque otros puedan admirar este talento, no son capaces de entender la plenitud y complejidad de esta tarea. Hay pocas personas como ellos y, por lo tanto, pueden compartir su experiencia y perspectiva de vida con muy pocos. También han deconstruido lo que tantos otros toman como verdad y realidad, por lo que todo esto puede dejar a los Alquimistas sintiéndose aislados, a menudo incomprendidos y bastante solos.

Los juicios y pensamientos sobre cualquier cosa fuera del yo son finalmente reconocidos como proyecciones propias, ya que los Alquimistas se dan cuenta de que la propia consciencia sobre la mente y las emociones es la que compone los sentimientos, historias y juicios, y están por lo tanto estrechamente relacionados con su propio interior. Se hace más patente que la forma dualista común de mirar al mundo no tiene en cuenta la naturaleza arbitraria de todas estas divisiones, y el hecho de que los opuestos surgen juntos y son interdependientes. Así, se hace más evidente que una gran parte del sufrimiento humano brota de las divisiones entre lo que deseamos desesperadamente y perseguimos, y lo que no nos gusta y tratamos de evitar continuamente.

El *feedback* puede ser muy útil para los Alquimistas, pero aquí se necesita un nuevo tono. Cuando uno realmente ha desarrollado el testigo interior y sabe que las opiniones y los juicios nunca son objetivos —sino que están teñidos por proyecciones personales—, ¿qué partes del *feedback* deben tomar en serio? A veces pueden surgir el cinismo y el escepticismo, y las personas en esta etapa pueden no aceptar bien ese *feedback* si sienten que no hay una verdadera comprensión de la complejidad que están tratando de sacar a la luz.

Les preocupa la arrogancia y tienen un deseo genuino de humildad, ya que saben que pueden captar algunos temas que otros no pueden, y al mismo tiempo son conscientes de cómo el ego anhela darse importancia por esta comprensión avanzada.

En algún momento, suelen pasar por lo que el místico del siglo XVI san Juan de la Cruz llamó «la noche oscura del alma», un proceso que generalmente surge una vez que el buscador espiritual ha alcanzado mucho crecimiento espiritual, y se da cuenta de que el ego es una ilusión y nunca existió realmente. La persona se siente atrapada en la oscuridad sin esperanza de volver a ver la luz. Puesto que no se suele mencionar en los textos y enseñanzas espirituales, y nunca han pasado por algo similar antes, se sienten muy solos y perdidos. Puede ser un gran alivio saber que este proceso es un paso natural hacia adelante.

Poco a poco se van familiarizando con la posibilidad de convertirse en testigo silencioso de los movimientos externos e internos, y necesitan menos herramientas para poder vaciar la mente con el fin de encontrar silencio. Este testigo se va activando más durante las horas de vigilia, y comienzan a observar de una manera más continua todas las ilusiones que se manifiestan en nuestra vida diaria. También empiezan a tener algunas ideas sobre cómo realmente podrían usar esas mismas ilusiones y construcciones como herramientas para lograr un mundo mejor.

La mayoría de las personas pueden reconocerlos inmediatamente como seres con una inteligencia notable, aunque es posible que no sean capaces de darse cuenta de sus cualidades con precisión. También tienen mucha compasión y les importa todo el mundo, con una capacidad inexplicable de hablar con casi cualquier persona y adaptarse a su nivel de comprensión. Asimismo, tienen una capacidad altamente desarrollada para confiar en el proceso, sin importar lo que esté sucediendo.

Por lo general, tienen un alto nivel de confianza en sí mismos que puede parecer arrogante. Suelen estar muy seguros de sus elecciones y, a veces, si alguien no puede aceptar su forma de hacer las cosas, pueden sugerirle que no participe en su proyecto. Esto puede parecer bastante paradójico para los demás, especialmente cuando perciben su gran compasión y cómo están dispuestos a ceder con amabilidad en muchas cosas, excepto en las áreas personales relacionadas con su entrega al mundo. Probablemente, ello se deba a que necesitan estar alineados con la perspectiva más alta que son capaces de albergar.

Los Alquimistas adoptan los valores posmateriales y se orientan hacia la expresión personal y la autenticidad. Tienden a aceptar los dilemas inherentes al ser humano, así como el hecho de que la vida es impermanente y siempre implica dolor. Esta rendición es bastante similar a la de una persona con cáncer que finalmente acepta su situación y a partir de entonces irradia ecuanimidad y paz, impactando a todos los que la rodean. Para ellos, la consciencia interior por sí sola no es suficiente, también necesitan expresarla en su ser, integrarla en sus acciones y comportamiento, y encarnarla verdaderamente en la presencia continua en el mundo.

Lo normal es que sus prácticas espirituales no estén directamente relacionadas con sentarse en contemplación, ya que su vida diaria se convierte en una meditación continua y son conscientes en todo momento, mientras bajan a tierra su compleja comprensión del mundo con la intención de poder servir a la humanidad.

Este es el primer nivel de desarrollo con una perspectiva lo suficientemente amplia como para comprender y empatizar plenamente con la situación existencial de aquellos en niveles anteriores, y, por lo tanto, ser capaz de apreciar las estrategias de los demás. Esto coloca a los Alquimistas en una posición ideal para ser grandes mentores o *coaches*. Al tener una menor necesidad de satisfacción del ego y poder dejar de lado los sentimientos de autoimportancia, tienden a ser más eficaces que los Estrategas ayudando a los demás.

7. Unificadores (muy poco común, menos del 0,5 por ciento de la población)

Una de las principales diferencias con respecto a la etapa anterior es que las personas evolucionan de un enfoque principalmente cognitivo-estructural a uno más localizado en la atención y la espiritualidad. Aquí son capaces de experimentar la humanidad de los individuos en todas las etapas de conciencia y apreciar el devenir, reconociendo humildemente la esencia humana que todos tenemos en común. Por lo tanto, aceptan a los demás tal y como son, sin juicio, sin intenciones ocultas ni necesidad de control. Respetan la esencia de los demás y no necesitan que sean diferentes.

Alcanzan un tipo de conciencia basada en la aceptación de todo, sin excepciones. Han abandonado la idea de que la lucha pueda resolver nada. De alguna manera, pueden ir a la esencia, a lo que está más allá de lo malo y lo bueno, de la apariencia de opuestos y de la dualidad. Han entendido que la armonía no se consigue intentando evitar lo desagradable o lo que no está alineado con su sistema de creencias. Han llegado a la profunda comprensión de que, ante todo, uno necesita transformarse y sanarse a sí mismo, no cambiar a nadie ni nada. Saben que puedes impactar positivamente a los demás cuando aumentas tu nivel de conciencia, y que la mayor responsabilidad es amar el mundo incondicionalmente, y apreciar la belleza y el valor de cada ser que lo habita.

Esta es la etapa que encarna mejor lo trascendental y lo espiritual, y que permite experimentarse a uno mismo y a los demás como parte de una humanidad en desarrollo que está cumpliendo el destino de la evolución. Los Unificadores ven la vida en la Tierra como una forma de separación temporal y voluntaria de la Fuente, a la que todos eventualmente regresaremos. El maestro zen Genpo Roshi decía que la persona despierta es «la que elige ser humana».

Las experiencias cumbre se toman como naturales y normales en esta etapa, tal vez porque ahora están fácilmente disponibles para los Unificadores; de alguna manera perdiendo las cualidades extraordinarias que solían tener en niveles de desarrollo anteriores. Y, al tener tal apertura y alineación con la verdad y la belleza, las experiencias visionarias se convierten en otra forma de comprender la realidad, complementando la mente racional. Como dice Cook-Greuter: «Hacer o pensar son solo modos de existir, pero no intrínsecamente más valiosos que sentir, ser o no ser».

No importa lo increíbles que sean sus logros, perciben su propia insignificancia en el gran esquema de las cosas. Al mismo tiempo, son conscientes de que su contribución al universo (y la de todos los demás) es una parte esencial del Todo. Tienen una enorme capacidad de aceptar todo y a todos como son, sin necesidad de cambiarse a sí mismos ni a nadie más. Al mismo tiempo, les preocupa la situación de la condición humana, abrazan la compasión y muestran benevolencia hacia todos. Su juicio y razonamiento se han desarrollado para poder guiarse por la moral y que los demás les importen. Pueden considerar al mismo nivel la infinitud del universo y al amigo que necesita que le tiendan la mano. La mente racional no es vista como una limitación (como lo era para los Alquimistas) sino más bien como una manifestación más del ser humano que a veces es útil y en otras ocasiones es mejor mantener en segundo plano.

Son capaces de salir del ciclón de la compleja mente del Alquimista y sentarse en el ojo del huracán cuando todo gira a su alrededor, dejando ir la complejidad incluso cuando viven dentro de ella. Se arraigan en un lugar de paz, aceptación y silencio interior que impregna toda su vida. Y eso hace que respeten su propia motivación para intervenir en algunos casos y dejar las cosas como están en otros.

Todas las paradojas están integradas aquí. Muerte y nacimiento, alegría y dolor, son vistos como patrones naturales del flujo de la vida, y deben ser percibidos y experimentados como son. En ellos conviven sentimientos de pertenencia y de singularidad sin ninguna tensión. Pueden tomar múltiples puntos de vista y cambiar el enfoque entre muchos estados de conciencia sin gran esfuerzo. En lugar de ver la vida de una manera dualista, donde algunas cosas son correctas y deseables y otras son inapropiadas e indeseables, experimentan el mundo como un lugar donde todos los opuestos son necesarios y están entrelazados. En realidad, son simplemente ideas (sujetas a cambios), en lugar de características intrínsecas de objetos, acontecimientos o personas. Los Unificadores son capaces de ver la perfección subyacente en cada situación, ya que pueden adoptar una perspectiva más amplia.

El movimiento a la iluminación es un salto, no un paso, y de una magnitud completamente diferente. De hecho, pasar de Alquimista a Unificador supone un salto cuántico en experiencia y perspectiva, y no sigue los patrones anteriores de ser capaz de reenmarcar y expandir la perspectiva propia de forma gradual.

Aunque todavía tienen la sensación de ser un centro de conciencia en un cuerpo, ya no se experimentan a sí mismos como separados del resto. A diferencia de la etapa anterior, esto no es solo una idea que puedan comprender intelectualmente, sino que son capaces de experimentarlo. Es una forma completamente nueva y diferente de vivir la existencia y la conciencia humana, con una perspectiva más universal. Pueden adoptar la perspectiva del testigo y percibir la vida de una manera abierta. A veces esto se conoce como conciencia pura, consciencia sin contenido. Son conscientes de lo que entra en su campo de percepción, pero todo recibe la misma atención y consciencia, nada se juzga como mejor o peor, o más o menos apropiado. Hay una identidad fluida y abierta. Además, estos individuos pueden integrar y hacer uso de las experiencias trascendentes con más frecuencia.

Otras personas tienden a percibir a los Unificadores como poco comprometidos con objetivos, actividades y preocupaciones comunes en otros seres humanos. Sin embargo, actúan como catalizadores en la configuración de la vida de los demás. Al ser como son, desafían la perspectiva de otros y sirven como ejemplos alternativos de lo que un ser humano puede llegar a ser en la Tierra, más allá de cualquier idea y modelo convencional. Con su capacidad de aceptar a los demás como son, su tendencia a interactuar sin exigir, su humildad y gracia, pueden tener un efecto sutil pero profundo en los demás.

Como se puede observar, aquí el ego ya no está en el centro del escenario. En cambio, deja espacio para un sentimiento de gratitud, de asombro por la vida, con un profundo sentido de conexión universal y percepción de lo sagrado en lo ordinario. En este nivel más elevado, los Unificadores se desprenden de la búsqueda de identidad en favor de ser testigos del proceso de devenir. Sienten que finalmente han encontrado lo que estaban buscando. A medida que la búsqueda termina, habitan una paz y una armonía omnipresentes.

Obviamente, los Unificadores viven plenamente en el ahora. Estar en el momento presente sucede naturalmente, porque no se centran en absoluto en los pesares o heridas del pasado, ni anhelan algo mejor en el futuro.

Aceptan el *feedback* fácilmente cuando es apropiado. Hay una especie de ligereza en esta etapa, sin moverse en los extremos emocionales. Puesto que tienen un bajo grado de identificación con el yo separado y más con el resto de la humanidad y con el flujo del universo, es natural que confíen en la vida y su flujo, sin rastro de resistencia. Por supuesto, son conscientes de que el mundo contiene mucho sufrimiento y muchos problemas. No obstante, abordarlos (cuando sea apropiado) es solo parte de la danza universal. Aquí es donde el voto budista del Bodhisattva es más pertinente y claro, el del ser que ha despertado y se compromete a permanecer en el mundo hasta que todos los seres también hayan podido liberarse. Es una etapa transpersonal en la que el «alma» está en paz.

PARTE 3

La espiritualidad como pasaporte

«La ciencia no solo es compatible con la espiritualidad; es una fuente profunda de espiritualidad. Cuando reconocemos nuestro lugar en una inmensidad de años luz y en el paso de los siglos, cuando comprendemos la complejidad, la belleza y la sutileza de la vida, entonces ese sentimiento elevado, ese sentimiento de euforia y humildad combinados, es ciertamente espiritual. Así son nuestras emociones en presencia del gran arte o la música o la literatura, o los actos de valor desinteresados y ejemplares como los de Mahatma Gandhi o Martin Luther King. La noción de que la ciencia y la espiritualidad son de alguna manera mutuamente excluyentes les hace un flaco favor a ambas».

Carl Sagan

CAPÍTULO 7

La trascendencia

«Sean cuales sean tus pruebas, recuérdate que eres un espíritu y que eres capaz de cambiar tu destino».

Omraam Mikhael Aivanhov

Durante demasiado tiempo hemos creado instituciones y roles en la sociedad que son estratagemas artificiales cuyo propósito era y sigue siendo facilitar la supervivencia. Nos hemos identificado con conceptos limitados que nos han reducido a hacernos sentir como animales evolucionados, prisioneros de nuestros instintos, impulsos agresivos, compulsiones automáticas, emociones desquiciadas y pensamientos egocéntricos y egoístas, que nos empujan a huir de lo desagradable y obtener más placer a cualquier precio. Nos obsesionamos demasiado con todos estos mecanismos como para dejar espacio para cualquier otra cosa.

El desarrollo humano no puede comprenderse solo desde un punto de vista biológico; los factores genéticos y ambientales no son las únicas influencias que dan forma a una persona a lo largo de la vida. Los seres humanos están abiertos a otros elementos además de los simples datos físicos. Debemos reconocer el papel fundamental de la consciencia como un factor clave —pero frecuentemente pasado por alto— que influye en nuestro desarrollo. Cuando estamos en contacto con la parte transpersonal o espiritual de nosotros mismos, hay un sentido permanente de propósito en nuestra existencia. En el fondo sabemos que nuestras experiencias importan, que nuestra vida tiene sentido, independientemente de cómo pueda estar oscurecida por el dolor, la duda, la ira, la apatía o la frustración. La ciencia moderna ha sido un gran logro de la humanidad, pero ahora tenemos que ir más allá de su confinamiento limitado a la lógica, las matemáticas y el único enfoque en el mundo terrenal para dirigirnos hacia una ciencia más amplia que abarque otros campos de la consciencia, incluyendo las verdades del mundo interior.

Aunque los recuerdos personales se conservan y las interpretaciones continuas de las circunstancias a través del yo nos dan un sentido individual de identidad y un sentido de continuidad en el tiempo, ese ego cambia a medida que pasamos por las diversas etapas de desarrollo, generalmente vinculadas a las modificaciones en el entorno, las circunstancias y las situaciones personales. Sin embargo, la única estabilidad real es la esencia transpersonal que está detrás de todas las construcciones físicas del cuerpo, la mente y la personalidad.

Llega un momento en que el alma ha llegado al punto más lejano de su viaje de separación y alienación, y está lista para comenzar el camino de regreso a la integración. Por lo general, el alma va inhalando un descontento interno, una profunda insatisfacción que no se puede llenar con nada, y que se va filtrando lentamente en la conciencia de la mente. Con suerte, es entonces cuando la persona comienza a volverse hacia adentro, a domesticar el ego y sus reacciones, y busca un camino para reconectar con la Fuente, la Divinidad, la Consciencia Pura, Brahma, lo Absoluto, el Espíritu universal.

Básicamente hemos olvidado quiénes somos: fragmentos de la Fuente que se han encarnado brevemente como seres humanos. Es solo una cuestión de tiempo que todo el mundo se dé cuenta de que estamos interrelacionados con todas las criaturas vivientes, ya que todos somos emanaciones del Uno, y, por tanto, estamos íntimamente unidos entre nosotros. Nuestra tarea fundamental es descubrir que, más allá de las estrechas restricciones y la soledad de este disfraz limitado como *Homo sapiens*, se extiende un mundo expansivo. Más allá de los límites aparentes de las visiones egocéntricas, existe una nueva dimensión vasta de la realidad con una autopista cósmica que nos permite contribuir a la evolución del universo. La vida en la Tierra no es más que una fase efímera de la existencia. Nuestro desafío ahora es percibirlo con nuestros estrechos y restringidos sentidos, y vivir en consecuencia. No es una tarea fácil para los débiles o los superficiales.

En mi opinión, el ejercicio de la trascendencia y la transformación espiritual se ha convertido en algo primordial en nuestro tiempo debido a que nuestra tecnología tiene un inmenso poder destructivo, y esto nos permite dañar no solo a nuestro prójimo, sino a muchos otros físicamente distantes de nosotros. Al actuar con una continua falta de ética, estamos dejando una Tierra sobreexplotada con posibilidades muy reducidas para una vida saludable, y, lamentablemente, estamos poniendo en peligro el futuro de nuestros descendientes. Cuando nuestra principal motivación es conseguir más para nosotros mismos a cualquier precio, incluso si otros tendrán que pagar el coste de nuestro éxito material, irremediablemente vamos a dejar cadáveres atrás. Tenemos que percibir la interconexión de todo e incluso reconocer nuestra responsabilidad por lo que pensamos y sentimos, por lo que decimos y hacemos, para así cambiar a una forma de vida más armoniosa. Aunque es menos obvia, la contaminación psicológica es igualmente dañina. La negatividad, los miedos, la manipulación, los conflictos y la rabia que generamos y emanamos cada día con nuestros pensamientos a otro nivel tiene un poder destructivo similar al de los desechos radiactivos.

El desarrollo tecnológico sin un aumento de consciencia terminará en la destrucción total, porque la tecnología se seguirá utilizando de una manera egocéntrica y egoísta que pronto nos llevará a una profunda crisis social y planetaria. La inteligencia artificial y la bioingeniería muy probablemente pronto harán posible hackear a seres humanos, controlar el deseo humano e incluso rediseñar los sentimientos. Sin trascendencia, la vida se reduce a la materia, y entonces caemos fácilmente en la apatía, la separación, la confrontación, el nihilismo y la alienación, porque perdemos de vista nuestro origen espiritual y cósmico. Al olvidar lo que realmente somos, seguimos encerrados en una perspectiva estrecha de quiénes creemos que somos y nos desconectamos de nuestra guía interior y de la compasión que está dentro de todas las criaturas vivientes, a todos los niveles.

La visión general del mundo materialista, reduccionista y determinista nos ha llevado a una percepción de separación y aislamiento de los demás, así como del planeta. Ha demostrado tener muchos efectos destructivos a escala individual y global, como la contaminación de los mares, las guerras, los genocidios, la prevalencia de la violencia, la corrupción generalizada, el miedo, el fanatismo religioso, los extremos absurdos de riqueza y pobreza... A menos que modifiquemos nuestra comprensión de la vida y la realidad en algo más holístico que nos integre a todos y asuma la unidad de todo, destruiremos la humanidad y a la Madre Tierra.

Probablemente tengamos que trascender el viejo paradigma mecánico-newtoniano-determinista, que presupone que los mundos objetivo y subjetivo son completamente independientes. Es decir, que un científico puede ser objetivo y su trabajo intelectual no proyecta su propia opinión sobre sus teorías, modelos y objetos de estudio. Tal vez necesitemos abrazar plenamente el nuevo paradigma de la física cuántica y la ciencia integral, que afirma que la mente y la conciencia no son independientes del mundo físico; por el contrario, conforman la estructura básica de la misma. Según esta perspectiva, somos participantes activos en el mundo, por lo que ni siquiera podemos separarnos de lo observado. En otras palabras, afectamos a los sistemas físicos continuamente. No estamos separados del mundo externo, estamos incrustados en él; no hay una distinción real entre dentro y fuera. Además, ahora sabemos que nuestro cuerpo humano es solo un conjunto engañoso de espacios vacíos en un planeta vacío en un universo vacío. Todo es un 99,9999 por ciento de espacio vacío, lo cual cuestiona profundamente nuestra noción de existencia.

La realidad objetiva no es tan independiente de nosotros como creemos, y no estamos aislados unos de otros. Se han llevado a cabo experimentos tratando de medir la posición y la velocidad de una partícula (algo imposible según el principio de incertidumbre de Heisenberg, ya que el mero hecho de observar modifica lo observado). Lo que los científicos fueron capaces de medir fue la posición de dos partículas divididas después de percibir cómo se movieron a la misma velocidad en direcciones opuestas. El primer estudio tuvo lugar dos veces en la Universidad de Ginebra. En 1998, el entrelazamiento no local de ambos fotones se demostró a lo largo de 11 kilómetros de fibra óptica. En 2004 el experimento se repitió, y el resultado mostró una conexión a lo largo de 50 kilómetros. Una prueba más de lo que las filosofías orientales han sabido durante cientos de años: todos estamos interconectados.

¿Qué es la autotrascendencia? Parece ser un estado de conciencia unitiva donde el yo individual no está tan presente porque no hay una distinción clara entre uno mismo y el otro. La persona es simplemente consciente de ser un componente de la evolución del cosmos. Esta perspectiva unitiva puede describirse como una fusión espiritual con la naturaleza y su fuente. El investigador Robert Cloninger dice: «La persona puede identificar (o sentir un sentido de unión espiritual) con todo. Puede experimentar la sensación de que es parte de una inteligencia maravillosa que le guía, lo cual es posiblemente la fuente divina de todos los fenómenos».

Místicos de todas las épocas y lugares han sido capaces de trascender los diferentes esquemas conceptuales proporcionados por su cultura, lenguaje y dogmas, y por lo tanto han accedido a una comprensión intuitiva directa de la realidad. La experiencia mística es universal y atemporal, mientras que su interpretación está determinada cultural e históricamente. Por lo tanto, la experiencia de la trascendencia es idéntica para todos, aunque sería interpretada como vacuidad o sunyata por un budista Mahayana, como Brahman por una Advaita Vedanta, como la unión con Dios por un cristiano, o como una absorción sin objeto por un practicante del yoga de Patanjali. Solo la interpretación difiere.

Hay una verdad primordial en la que todas las tradiciones contemplativas convergen: la existencia de una Conciencia absoluta y pura, la Mente universal, la Fuente que constituye la esencia fundamental, tanto de la naturaleza humana como de la totalidad de la realidad. Es decir, un espíritu al mismo tiempo inmanente y omnipresente que está fundamentalmente presente en la conciencia humana. Este espíritu forma el referente final de lo que puede considerarse real, verdadero, valioso, puro. La realidad primaria de la conciencia es de alguna manera también explicada por el físico cuántico John Hagelin con la teoría de campo unificado, basada en la teoría de las supercuerdas, que afirma que un campo unificado único y universal es la base de todas las formas y fenómenos de la Naturaleza.

Cuando nuestra racionalidad no filtra lo que podemos aprehender, nuestra mente puede acceder a un amplio abanico de información, mucho más allá de la información disponible a través de nuestros cinco órganos sensoriales. Es por eso que las prácticas místicas, como la meditación, son algunos de los procesos más adecuados de desautomatización o descondicionamiento de las estructuras cognitivas y de los conceptos que hemos aprendido socialmente y nos han sido inculcados culturalmente para poder comprendernos e interpretar el mundo. Se convierten en carreteras directas a la trascendencia sin la mediación de creencias, expectativas y racionalización que tienden a construir muros entre nosotros y el Absoluto. Como en muchas otras tradiciones, en los Upanishads hindúes se destaca que «tú eres eso», es decir, la unidad esencial entre el alma individual y lo divino.

CAPÍTULO 8

Experiencias espirituales

«¿Puedes describir la música a alguien usando solo palabras?

¿Puedes describir la emoción del amor solo usando los símbolos de las palabras?

Las palabras solo son efectivas para comunicar la experiencia si la experiencia ya se conoce. Conoces el color, la música y la emoción porque los has percibido directamente.

La iluminación no es una experiencia para la que uno ya tenga una referencia, por lo que es improbable que ninguna descripción sea lo suficientemente significativa como para permitir su comprensión».

GARY VAN WARMERDAM

En primer lugar, debemos hacer una distinción entre espiritualidad y religión. La religión conceptualiza un conjunto de comportamientos formalizados, como oraciones y rituales, creencias y dogmas asociados con tradiciones religiosas distintas. Por el contrario, la espiritualidad puede definirse como la conexión emocional que las personas experimentan con lo que consideran divino o sagrado. Podría ser un Dios para algunos, múltiples divinidades para otros, vacuidad para los budistas o naturaleza para los ateos.

En la mayoría de tradiciones espirituales, las prácticas preliminares se relacionan con acciones éticas concretas, como posponer la gratificación de los sentidos y de los impulsos instintivos. Por ejemplo, en el budismo Theravada y tibetano, el hinduismo y el cristianismo ortodoxo, las prácticas preliminares éticas representan las primeras etapas de la práctica espiritual y siguen reglas claras. Se elaboran itinerarios enteros en torno a estas enseñanzas precisas, y son fundamentales para formar una base sólida sobre la cual se establecen prácticas espirituales más desarrolladas y sutiles.

Todo ser humano nace con ideales internos y valores espirituales que buscan la realización, y la semilla permanece en cada persona para tratar potencialmente de actualizar esos ideales y valores. Las expectativas y creencias negativas, los temores, los prejuicios y las dudas pueden disminuir la apertura y la consciencia de la persona de su impulso natural hacia el desarrollo espiritual, lo que Abraham Maslow solía llamar «los confines más lejanos del desarrollo humano». La psicología convencional tiende a considerar las experiencias humanas excepcionales como anómalas (fuera de la norma) debido a las divisiones estandarizadas. Su compromiso con una visión materialista, reduccionista y mecánica de la naturaleza hace que le resulte muy difícil entender cualquier tipo de misticismo auténtico basado en experiencias espirituales. La separación entre lo que se cree que es normal y lo que no lo es se basa en ideas fijas y creencias sobre lo que se contempla como sensato, racional y realista por un lado, y loco, irracional e irreal —cuando no completamente estúpido— en el polo opuesto. Por lo tanto, conceptos como el máximo potencial, la trascendencia o el espíritu son vistos como una amenaza a la legitimidad científica de la psicología. De hecho, en nuestra sociedad actual, las áreas fuera de los límites del laboratorio se consideran tabú. Con demasiada frecuencia se presume que lo que no se puede probar en el laboratorio no existe. Si filtramos la realidad con redes físicas estrechas, será casi imposible atrapar el amplio reino de la consciencia.

Sin embargo, la psicología transpersonal es más abierta, y considera las experiencias humanas excepcionales como extensiones de la creatividad normal. La singularidad y lo excepcional de un fenómeno no le resta automáticamente importancia o significado. Las experiencias transpersonales generalmente se interpretan como espirituales y pueden ocurrir espontáneamente a través de la meditación y la oración, o al experimentar la belleza natural, la sexualidad y otras situaciones. Incluyen experiencias cumbre o inspiradoras en las que el universo es percibido como pacífico, armonioso y unificado. No hay necesidad de dejar de lado la mente lógica. La idea es expandir la mente consciente abriendo el enfoque a modos alternativos de percepción, para que podamos ver la realidad de una manera ampliada, imaginando un panorama más claro de la naturaleza de la realidad y una mayor consciencia de los acontecimientos, su significado y la interconexión que no percibíamos antes.

¿Por qué este tipo de experiencias son tan inusitadas? Teniendo en cuenta lo difícil que es estar en el ahora y explorar las profundidades de la propia psique, es aún más difícil explorar dimensiones expandidas de uno mismo que abran la puerta a capacidades excepcionales y transformadoras. Incluso si eres consciente de ello intelectualmente, no es suficiente para saber lo que conllevan en la práctica.

Con demasiada frecuencia, las personas se dejan inundar por las trivialidades de la existencia cotidiana. Por lo tanto, conseguirán encontrar un significado más profundo en su vida a través de la transformación y las experiencias espirituales en las que se involucren activamente, y eso es lo que les puede poner en contacto con el significado de la vida y su profundidad. Lo que a menudo se requiere para que surjan conscientemente estados de progreso espiritual en la vida de una persona no es solo creer en su existencia, sino además un trabajo interno disciplinado que permita su aparición y accesibilidad. Específicamente, comprometerse con una práctica espiritual con seriedad y durante un tiempo extenso puede comenzar a abrir las puertas que parecen cerradas (o incluso inexistentes) para una persona corriente. Con frecuencia, se requiere una práctica espiritual disciplinada para abrir esa puerta que aparece bloqueada y, así, revelar lo que está oculto para el ojo no entrenado. Cuando eso se hace durante el tiempo necesario, puede generar un número suficiente de experiencias para contrarrestar las ideas limitadas sobre la realidad. De esta forma, se hace más fácil de aceptar —para las partes que tenemos orientadas hacia el ego— la existencia de otras corrientes de percepción y conciencia. Solo entonces las ideas de la persona sobre la realidad pueden ser modificadas por una comprensión más amplia procedente de la experiencia personal. Para hacerlo, el individuo tiene que aceptar que dentro de la psique humana existe un principio inherente que autotrasciende e impulsa a la persona hacia lo que Platón llamó «lo verdadero, lo bueno y lo bello».

Un elemento fundamental en el avance espiritual es la expansión de la conciencia. En las primeras etapas, comienza y termina con uno mismo. Poco a poco se traslada al reconocimiento de los demás, luego incluye a la propia comunidad y en las últimas etapas no se ve ninguna diferencia esencial entre uno mismo y todos los seres vivos.

Al principio de nuestro proceso de evolución interior, la persona solo es consciente de lo concreto: de cómo nos vemos, la comida que uno toma, las reglas que uno sigue y así sucesivamente. Más tarde, la persona se da cuenta de sus propios procesos de pensamiento, de las emociones a medida que surgen, de las necesidades de los demás... Si el progreso personal continúa, su consciencia se vuelve más refinada, notando más sutilezas como conexiones energéticas, la voz interior que la guía o las proyecciones de los demás, e incluso puede enfocar la consciencia en el presente con apertura, sin necesidad de analizarlo continuamente.

Las experiencias espirituales son muy difíciles de describir con palabras. El conocimiento y el sentimiento puros a menudo se describen como inefables porque ocurren sin la necesidad de símbolos o palabras que ayudarían en su interpretación y comunicación con los demás. A medida que la conciencia se vuelve menos orientada a lo físico, la necesidad de representaciones mentales se desvanece y quedan solo ilustraciones de la experiencia original. En el budismo, tales experiencias de consciencia sin símbolos se interpretan como estados de vacuidad. La razón es que estamos tan orientados al lenguaje que cuando la forma y las palabras desaparecen, deducimos que el ser mismo también desaparece. Dado que estados espirituales como el misticismo son relativamente raros y difíciles de traducir al pensamiento verbalmente estructurado, se suelen utilizar símbolos y metáforas para transmitir los descubrimientos internos místicos que no pueden ser percibidos por la conciencia habitual orientada hacia lo físico.

Las experiencias trascendentales son formas directas de conocimiento, donde tu consciencia se expande repentinamente sin límites aparentes, sin que la mente racional sea capaz de comprenderlas. No siempre estamos preparados para esas situaciones, y a veces nos desequilibran y nos hacen cuestionar nuestra propia cordura. Como escribió el místico san Juan de la Cruz, «cuando la luz divina de la contemplación asalta el alma que no está totalmente iluminada, causa oscuridad espiritual dentro de ella». Poco a poco, se pueden integrar como incidentes naturales y formas alternativas de aprehender la realidad con sus múltiples capas y sutilezas en el camino del despertar.

Las experiencias místicas implican una suspensión de la percepción convencional (a menudo ocurre involuntaria y repentinamente), por lo general duran un corto período de tiempo, y dejan una especie de resplandor posterior que termina por desaparecer. Algunas de estas experiencias se caracterizan por sentimientos de purificación y renovación: la vida y el mundo se transforman en un profundo sentimiento de bondad amorosa para todos. Algunas aportan un nuevo conocimiento debido a una comunicación con alguien de otra dimensión, y otras presentan sentimientos de unidad con Dios, con la naturaleza o con el universo. Debemos tener cuidado, porque estas experiencias no necesariamente revelan una comprensión clara del yo como una construcción mental. Por el contrario, incluso pueden apoyar la inflación del ego y el narcisismo a medida que el ego se apropia de ellos, y la persona puede creer que vivir tales hechos la hace especial y superior.

Las principales tradiciones espirituales consideran que vivimos en un mundo hipnotizado por nuestro condicionamiento social y cultural. Nuestro estado habitual de conciencia se encuentra nublado, engañado, en una especie de trance. Somos sonámbulos funcionando en piloto automático. Como en la película *Matrix*, podemos creer que estamos despiertos, pero en realidad estamos dormidos. Incluso si la mayoría de la gente no es consciente de ello. Lo veamos o no, sin entrenamiento mental somos prisioneros de nuestra propia mente, total e involuntariamente atrapados en un continuo diálogo y fantasía interna que crean una distorsión ilusoria generalizada de la percepción de la realidad (a menudo llamada *maya* o *samsara*). Los investigadores Walsh y Saphiro afirman que «se dice que esta condición pasa desapercibida hasta que comenzamos a someter nuestro proceso perceptual-cognitivo a un escrutinio riguroso como la meditación». Para despertar, debemos liberar nuestro intelecto, con el fin de que sus poderes no estén limitados por conceptos que nos han enseñado a tomar como verdaderos.

Por lo general, es a través del contacto con nuestro propio yo transpersonal que recibimos intuiciones e inspiraciones superiores, ya sea en el campo artístico, filosófico, científico, ético o espiritual. Tales contactos a menudo vienen en forma de experiencias cumbre que revelan la parte individual de nuestra identidad que está más allá del tiempo y el espacio, y pueden proporcionarnos un puente hacia otras visiones relacionadas con un yo amplificado. Estas experiencias son una prueba personal e irrefutable para el individuo de un mundo expansivo más allá de lo físico y lo teórico, y, aunque no se entienda completamente, cambia algo importante en el núcleo mismo de la persona. Abre una amplia ventana que supera roles personales, creencias, tiempo físico, separación, mentalidad de escasez, necesidad de control, sufrimiento y la personalidad limitada. Incluso cuando la persona vuelve a la realidad «normal», sus efectos nunca se olvidan.

Una de las experiencias espirituales más impactantes y que causa efectos transformadores en muchas personas son las experiencias cercanas a la muerte (ECM). El indicador convencional de la muerte es el cese de la actividad electrofisiológica en el cerebro. A medida que la tecnología médica ha avanzado, se han incrementado las oportunidades para intervenir en el proceso de la muerte y la capacidad de traer a las personas de vuelta a la vida. En consecuencia, el número de casos comprobados de episodios cercanos a la muerte ha aumentado. La parte más interesante es la influencia transformadora en la vida de estas personas que tiene lugar después. La mayoría de las personas que pasan por estos incidentes reconocen una nueva capacidad de gozo en la vida que no proviene de ninguna creencia religiosa y pierden cualquier rastro de miedo a la muerte. Tiene lugar un cambio en la consciencia, de tal manera que la vida en cada momento se vuelve vívida y rica, y es así como la ansiedad sobre la supervivencia futura, ya sea en el cuerpo o fuera de él, simplemente deja de ser relevante.

La ECM es un evento pasajero, pero en muchos casos deja un rastro permanente, proporcionando a la persona casi un estado de conciencia mística bastante estable, llenándola de calma y paz interior. La preocupación por el futuro ya no es un foco de atención y las necesidades personales se convierten en preferencias y se experimentan con más desapego que antes. Hay un sentimiento bastante omnipresente de gratitud y asombro, y lo que solía ser percibido como desagradable o depresivo ahora se ve como hermoso e interesante.

El científico John Wren-Lewis, después de ser envenenado y casi morir en Tailandia cuando intentaron robarle, pasó por una experiencia cercana a la muerte que cambió profundamente su visión del mundo. Después consideró que, contrariamente a lo que solemos creer, tenemos algún tipo de mecanismo de supervivencia hiperactivo que está siempre operativo durante la consciencia normal diaria, que en realidad es una especie de trance. Esto de alguna manera bloquea y excluye de la conciencia las características de conciencia mística universal de las ECM (y otras experiencias transpersonales), que son en realidad la base de nuestra propia existencia. Escribió: «Una experiencia cercana a la muerte es capaz de romper este hechizo porque en este momento el mecanismo de supervivencia se rinde». Nuestro reto es poder levantar el velo de la inconsciencia impuesto por nuestras interminables tareas diarias, impulsos automáticos y obsesiones de supervivencia para que podamos empezar a entrar en niveles más elevados de consciencia sin tener que acercarnos al umbral de la muerte.

Una experiencia cumbre común para los padres es el nacimiento de un bebé. Ver a esta inocente criatura saliendo del cuerpo de la madre, encomendándola al mundo —tan hermosa y vulnerable—, abre una profunda sensación de sobrecogimiento en prácticamente todo el mundo. Es un momento sagrado que abre la consciencia de los padres y los pone —consciente o inconscientemente— en contacto con su divinidad interior, haciéndoles sentir amor incondicional y unidad total. Durante un tiempo pueden sentir quiénes son realmente más allá de las ilusiones. Por desgracia, suele ser solo un estado temporal de plenitud. Después de un corto período se vuelven a acomodar y regresan a la normalidad. Su oportunidad real de despertar se pierde, y se adaptan de nuevo a sus patrones de pensamiento y sentimiento habituales. Más tarde recordarán ese momento como el más feliz de su vida, pero no son conscientes de las verdaderas razones de sus sentimientos de dicha.

Otro tipo de experiencia trascendental les ha ocurrido a algunos astronautas al ver la Tierra desde el espacio. Solo unos quinientos astronautas han sido testigos de esta visión directa. Para algunos de ellos, fue una experiencia tan profunda que cambió toda su perspectiva de la vida. El Dr. Edgar Mitchell se convirtió en el sexto hombre en caminar sobre la luna. Durante el viaje de regreso a la Tierra, tuvo una experiencia mística que cambió su rumbo. Poco después dejó la NASA y fundó el Instituto de Ciencias Noéticas para patrocinar la investigación en la naturaleza de la consciencia. Mirando a través de trescientos mil kilómetros de espacio hacia las estrellas y la Tierra, de repente experimentó el universo como algo inteligente, amoroso, armonioso. Lo transmitió con las siguientes palabras:

> «Fue una experiencia muy poderosa. De repente me di cuenta de que las moléculas de mi cuerpo, las moléculas de la nave espacial y las de mis socios eran prototipos, tal vez incluso fabricados, en alguna generación antigua de estrellas. Pero, en lugar de ser una experiencia intelectual, fue un sentimiento interno… e iba acompañado por una sensación de alegría y éxtasis, lo que me hizo preguntarme: ¿Qué es esto? Fue solo después, al regresar, cuando investigué y encontré que el término en sánscrito antiguo era *Samadhi*».

Parece que todo el mundo que va al espacio queda de alguna manera tocado por la vivencia, y para algunos es una experiencia incontenible de sentirse bendecido y conectado con todo. El físico nuclear y fundador del Centro Espacial Mundial, lo expresa así:

> «A medida que entras en tu mente de una manera contemplativa, el sentido de la realidad viviente del planeta se hace evidente. Estás más en sintonía con el mundo natural. Esto es muy parecido a la percepción directa que tienen los astronautas, por lo que no es de extrañar que muchas personas hayan comparado el efecto de visión desde el espacio a una experiencia espiritual o meditativa».

Y, como tal, este tipo de experiencia está disponible para todos nosotros.

Otro ejemplo bien conocido es el de Jill Bolte Taylor, una neurocientífica de Harvard que pasó por lo que ella llama un estado de nirvana mientras tuvo un derrame cerebral. Como relata en sus memorias, *Un ataque de lucidez*, y en las muchas entrevistas que ha concedido, en 1996 la Dra. Taylor se despertó en su apartamento en Boston con un dolor penetrante detrás del ojo. Un vaso sanguíneo en el cerebro había estallado. En cuestión de minutos, el hemisferio izquierdo —la conexión con el ego, el análisis, el juicio, la planificación— comenzó a fallarle. El diálogo interno perpetuo que normalmente llena nuestra mente también desapareció, y sus percepciones normales también se transformaron. En ese momento, su consciencia se desplazó al hemisferio derecho —metafórico, creativo, intuitivo, no verbal y emocional— y comenzó a notar que los átomos y moléculas de su cuerpo se mezclaban con el espacio a su alrededor. El mundo entero y las criaturas en él formaban parte del mismo magnífico campo de energía brillante. Sus límites físicos ya no se ceñían a su piel. Después de experimentar un dolor intenso, describió cómo el cuerpo se desconectó de su mente. «La energía de mi espíritu parecía fluir como una gran ballena que se deslizaba a través de un mar de euforia silenciosa», escribió. Paradójicamente, mientras su espíritu volaba, su cuerpo luchaba por sobrevivir. Tenía un coágulo del tamaño de una pelota de golf en la cabeza. Como su hemisferio izquierdo estaba seriamente dañado, perdió funciones analíticas básicas como su capacidad para hablar, para entender números o letras, e incluso para reconocer a su propia madre durante un tiempo.

Aunque su historia no es típica de las víctimas de ictus, sus lesiones en el cerebro izquierdo la llevaron a una experiencia espiritual magnífica. Después pasó por una cirugía y ocho años de recuperación, pero el impacto de tal experiencia nunca la abandonó. Ella afirma que cada persona «puede entrar en la conciencia del hemisferio derecho, ponerla al mando y ser uno con todo lo que es». Con su experiencia como neurocientífica (tiene un doctorado con especialidad en neuroanatomía), puede explicar con el lenguaje de la ciencia un incidente que normalmente es etéreo y bastante abstracto. Los dos hemisferios del cerebro tienen funciones muy diferentes. Generalmente, el cerebro izquierdo nos da razonamiento, ego, tiempo, lógica. El cerebro derecho nos da creatividad, intuición, empatía, conexión. Y todos podemos elegir vivir una vida más pacífica y espiritual al evitar recaer en demasía en nuestro hemisferio izquierdo. Para ella, esto no tiene nada que ver con la religión, ya que ella considera que «la religión es una historia que el cerebro izquierdo le cuenta al cerebro derecho».

Sin embargo, confirma con su propia experiencia lo que los buscadores espirituales y quienes practican meditación siempre han sabido: que un estado de alegría, armonía y realización es alcanzable en este momento, confirmando que el cerebro izquierdo puede ser domesticado y que «cuanto más tiempo pasamos eligiendo ejecutar los profundos circuitos de paz interior de nuestro hemisferio derecho, más paz proyectaremos en el mundo, y más pacífico será nuestro planeta». No hay nada más que añadir.

CAPÍTULO 9

Inteligencia espiritual

«Lo que vemos no es la naturaleza, sino la naturaleza expuesta a nuestro método de cuestionamiento».

Werner Heisenberg

Parece haber una diferencia entre espiritualidad e inteligencia espiritual. La espiritualidad puede describirse en términos de pertenencia última o conexión con el terreno trascendental del ser. Algunas personas definen la espiritualidad en términos de relación con Dios, con sus semejantes o con la Tierra. Otros la definen en términos de devoción y compromiso con una fe o forma particular de práctica. También se puede definir como el conocimiento de ti mismo como espíritu o alma, y la comprensión de tus más altas cualidades y atributos espirituales, que son el amor, la paz y el gozo. La espiritualidad se refiere a la búsqueda del significado sagrado y definitivo, la Consciencia superior y la trascendencia.

La inteligencia espiritual enfatiza la capacidad de aplicar y encarnar valores y virtudes espirituales para mejorar la vida diaria, el bienestar y la contribución al mundo. Es decir, es la expresión de estas cualidades innatas a través de pensamientos, actitudes y comportamientos. La inteligencia espiritual se ocupa de la vida interior de la mente y el espíritu, su relación con el ser y el comportamiento en la sociedad. La inteligencia espiritual implica una capacidad de comprensión profunda de las preguntas existenciales, así como la comprensión de múltiples niveles de conciencia, y también está relacionada con la profunda expresión personal y el esfuerzo por encontrar significado en la vida como las principales fuerzas de motivación. Asimismo, moviliza las cualidades y habilidades de lo que podríamos llamar alma a través de la sabiduría, la compasión, la integridad, la alegría de vivir, el amor, la paz, la armonía, el equilibrio y el silencio interior.

Las personas espiritualmente inteligentes piensan y actúan con compasión y sabiduría, y son capaces de mantener la paz interior y la ecuanimidad, independientemente de las circunstancias cambiantes. Podríamos decir que la compasión es el estadio de desarrollo más elevado de la inteligencia emocional (corazón) y que la sabiduría es la etapa más elevada del intelecto (cabeza). Las dos alas son necesarias para volar hacia el yo superior o divinidad. La paz interior y la ecuanimidad ayudan a la persona a mantener un sano desapego de los resultados, y a evitar ser arrastrada por la angustia, el sufrimiento y la injusticia, tan presentes en nuestro mundo, y al tiempo poder actuar con convicción y determinación. De hecho, una persona con alta inteligencia espiritual puede actuar de una manera que a algunos les pueda parecer airada mientras permanece en un estado emocional de calma, ya que sus acciones derivan de una mente pacífica.

La satisfacción aparece como resultado de nuestra receptividad a la experiencia, cuando somos capaces de participar plenamente en el ahora, cuando estamos saboreando la vida, abiertos a la atemporalidad de cada momento. Esa capacidad de invertir en actividades cotidianas, situaciones y relaciones con un sentido sagrado es uno de los componentes centrales de la inteligencia espiritual. La satisfacción aparece cuando mantenemos la consciencia de la comunión constante que existe esencialmente entre el yo y el mundo.

La visión de Viktor Frankl de la condición humana aclaró la diferencia entre los impulsos biológicamente arraigados que nos empujan y los anhelos espiritualmente arraigados que nos arrastran. Cuando la voluntad de sentido se frustra, la persona experimenta algún tipo de frustración existencial, entonces la energía de la vida se proyecta hacia abajo en una dimensión más baja, convirtiéndose en un anhelo de poder. O incluso más abajo, en una dimensión donde la principal obsesión es el ansia de placer. Sin un sentido más allá de uno mismo, todas estas dimensiones se experimentan como neurosis y son la causa de muchos de los problemas actuales. El placer no puede ser un fin en sí mismo, sino más bien un subproducto de haber hecho algo significativo. Del mismo modo, el poder debe ser un medio para aumentar la capacidad de cuidar más a nuestros semejantes y tener una influencia positiva más amplia. Solo trascendiendo los estrechos límites del interés propio, aceptando una perspectiva espiritual, podemos liberarnos de los apegos egoístas y de las identificaciones restringidas.

El trabajo pionero de Howard Gardner en Harvard sobre inteligencias múltiples ha ayudado a la gente a entender que la inteligencia tiene diferentes facetas. Su investigación ha indicado que distintos tipos de inteligencias se desarrollan relativamente independientemente unas de otras, y que el dominio de una no implica que se domine otra. La investigación de Daniel Goleman sobre inteligencia emocional mostró que el éxito en la mayoría de las áreas de la vida depende tanto de las capacidades cognitivas como de las emocionales. Idealmente, la inteligencia espiritual nos permitiría ver las cosas como son, libres de filtros y distorsiones inconscientes. En contraste con el pensamiento ilusorio que se aferra a los dogmas o desea certezas, el ejercicio de la inteligencia espiritual implica enfrentarse a realidades existenciales como la justicia, el sufrimiento, el altruismo y la muerte, y a continuar la búsqueda perenne de sentido.

Hoy en día, cada vez más personas de tradiciones diferentes tienden a ver la espiritualidad como algo experiencial más que conceptual, y claramente transracional. Los seres humanos tienen tres formas distintas de conocimiento: emocional, racional y contemplativo. Estas tres formas parecen ser parte integral de la inteligencia espiritual. La inteligencia racional gestiona los hechos y la información, utilizando la lógica y el análisis para tomar decisiones. La inteligencia emocional es necesaria para entender y controlar las emociones y los sentimientos, e implica la capacidad de escuchar, comunicarse, aceptar *feedback* y empatizar con diferentes puntos de vista. Mientras que la inteligencia racional permite a una persona resolver problemas teóricos y matemáticos, la inteligencia emocional controla el comportamiento humano. La inteligencia emocional tiene una escasa capacidad para resolver problemas técnicos o neutrales, o planificar y ejecutar tareas, pero es ideal para evaluar las soluciones propuestas desde una perspectiva global. También permite entender y resolver dilemas sociales y personales tratando de lograr el máximo beneficio. Necesitamos ambos componentes. Una buena inteligencia racional presenta soluciones fácticas a los problemas, pero, si no desarrollamos inteligencia emocional, podemos aceptar enfoques dañinos, soluciones a cualquier coste o simplemente mejoras superficiales que traen consecuencias perjudiciales para todos.

Las habilidades de inteligencia espiritual dependen en cierta medida de la presencia de cierta empatía y conciencia emocional, y también requieren un crecimiento de la complejidad cognitiva (ya que se enfrentan al misterio y la paradoja). Pero, si queremos llegar a las etapas más elevadas de desarrollo, tenemos que darnos cuenta de que las inteligencias racional y emocional son necesarias pero insuficientes. La mayoría de nosotros hemos aprendido a estar motivados por factores externos, pero algunos han descubierto que los motivadores más profundos son intrínsecos. Podemos usar nuestros pensamientos y voluntad para motivarnos. Sin embargo, el motivador más profundo para cualquier ser humano es una clara percepción de sentido y propósito. Esto solo puede surgir cuando investigamos y descubrimos quiénes somos realmente y hacia dónde vamos a un nivel más profundo. Aquí es donde la inteligencia emocional fluye hacia la inteligencia espiritual. Únicamente en este estado de autoconsciencia somos capaces de discernir el verdadero significado de los acontecimientos, dar sentido a los contratiempos y percibir nuestro propósito en esta vida.

Aquí es donde las prácticas contemplativas como la meditación, el yoga, la oración o la observación de la naturaleza son particularmente relevantes para pulir la inteligencia espiritual. Esto es lo que nos ayuda a aprovechar las verdaderas ideas y observar con atención plena y conciencia. La contemplación es el conocimiento que no es ni conceptual ni emocional; es un modo experiencial de aprendizaje y autoconocimiento. Existe dentro de cada uno de nosotros, mas está cubierto por el pensamiento discursivo y una variedad de emociones. Las prácticas contemplativas desarrollan capacidades para una concentración profunda y para calmar la mente en medio de la acción y la distracción que caracteriza nuestra vida moderna. Necesitamos un estado de calma para explorar nuestro propósito, comportamiento y valores. El silencio es absolutamente necesario para poder sentir la presencia de una dimensión trascendental en la vida.

El desarrollo espiritual requiere una continua desidentificación con el ego y una integración de una personalidad siempre dispuesta a adaptarse a las circunstancias, abierta al momento presente, en contacto con las profundidades del yo, conciente de su unidad con todos, mirando a todos —incluido uno mismo— a través de los ojos de la compasión. Este refinamiento de espíritu se caracteriza por su capacidad de venerar valores elevados. Y esto no puede ser solo una experiencia puntual o un estado momentáneo, sino una forma de ser y una forma de vida (convertido en un rasgo) para que sea una verdadera inteligencia espiritual. Algo imposible cuando no se ha integrado en la estructura de la personalidad y de alguna manera la ha transformado.

Podríamos decir que la inteligencia espiritual surge de la inteligencia intelectual y emocional ejercida en el estado de presencia. La naturaleza esencial de la presencia nos lleva del ego al espíritu. Cuanto más cerca estemos de trascender nuestro ego y llegar a ser uno con la realidad última, más poderosa será nuestra presencia. Cuando hacemos eso, habitamos el cuerpo como un vehículo físico temporal, emanamos paz, vivimos en quietud interior, sentimos un flujo de realización independientemente de las circunstancias cambiantes externas y de los desafíos que aparezcan. Y esto es algo que otros también pueden percibir. El autor y maestro espiritual Paul Brunton se dio cuenta de esto cuando visitó el ashram del gran Ramana Maharishi en la década de 1930. Escribió sobre sus experiencias cuando estaba cerca de él, sobre cómo le inundaba una inefable tranquilidad, pues este hombre misterioso e imperturbable (que según todos los relatos estaba iluminado) irradiaba felicidad. El cineasta y profesor espiritual Arnaud Desjardins también habla de experiencias muy similares de profunda transformación con su gurú, Swami Prajnanpad (un profesor universitario que se convirtió en monje hindú). Cuando estas personas entran en una habitación, la llenan con su presencia ligera y pacífica, incluso si no hablan. Su energía, su aura, su ser beneficia a otras personas de maneras que no podemos aprehender y muchos quedan conmovidos. He oído comentar a muchas personas que también han experimentado esto con su santidad el dalái lama. El eminente psicólogo Paul Ekman escribe abiertamente sobre su propio encuentro con Su Santidad en su libro *Sabiduría emocional*, y lo intensamente que se vio afectado por él, a pesar de que no tenía ninguna reverencia o expectativas previas. Puedo confirmarlo yo misma. Una y otra vez, la presencia del dalái lama me ha conmovido, me ha recargado e inspirado, independientemente del continente o del espacio donde enseñaba.

Por lo tanto, la inteligencia espiritual en su más alto grado no tiene nada que ver con sentimientos sensibleros. Es una profunda compasión manifestada en la acción sabia. Demuestra una enorme integridad personal que alinea el propósito y los valores con la intención de servir a la humanidad, se centra siempre en los mejores resultados y el panorama general, y está dispuesta a inspirar a los demás, serena incluso cuando la marea se pone hostil, permaneciendo centrada sin desencadenar reacciones egoístas o deseos egocéntricos. Esto es algo que no solo se puede lograr aquí y ahora, sino que se convertirá en un gran instrumento para afectar positivamente a la humanidad de una manera sutil pero poderosa.

CAPÍTULO 10

El atajo espiritual

> «Hoy en día, la mayor enfermedad en Occidente es no ser deseado, no ser amado ni cuidado. Podemos curar enfermedades físicas con medicina, pero la única cura para la soledad, la desesperación y la desesperanza es el amor».
>
> MADRE TERESA DE CALCUTA

El término «atajo espiritual» fue acuñado por primera vez por el psicólogo y profesor de meditación John Welwood en 1984. Se refiere al uso de prácticas y creencias espirituales dirigido a evitar lidiar con sentimientos dolorosos, heridas no curadas, problemas relacionales no resueltos y necesidades de desarrollo. Es una manera conveniente de saltárselo todo e ir directamente a la divinidad, sin la molestia de tener que luchar con aspectos incómodos de la vida y de nosotros mismos. Resulta una gran tentación hoy en día, cuando llevar una vida «normal» se ha vuelto cada vez más difícil y esquivo: a la gente le resulta más y más difícil ganarse la vida con un trabajo que les aporte sentido, mantener una relación íntima a largo plazo, pertenecer a una comunidad y sentir apoyo... Por lo tanto, es más fácil eludir los problemas personales y emocionales cuando luchas por adaptarte y funcionar en la sociedad moderna utilizando la espiritualidad para encubrir aquello con lo que prefieres no enfrentarte.

Parte de la causa es que tendemos a no desear afrontar nuestro dolor y trabajarlo. Preferimos buscar alternativas que lo adormezcan, independientemente de cuánto sufrimiento puedan traer esas supuestas soluciones. Debido a que esta preferencia ha penetrado tan profundamente nuestra cultura, se ha convertido en la norma. Por lo tanto, el atajo espiritual refleja el hábito colectivo de apartarnos de lo que es doloroso, tratar de escapar, creer que no tiene efectos secundarios. En espiritualidad, esta es una estrategia habitual no solo para evitar el dolor, sino también para validar tal evitación, excusándola de una manera aparentemente muy convincente. El empobrecimiento espiritual de la sociedad contemporánea y el número de niños criados sin una familia solidaria está creciendo. El divorcio, las circunstancias traumáticas y la falta de apoyo real a los hijos pueden dar lugar a personas que carezcan de una sensación interior de seguridad y bienestar. Esos niños crecen hasta convertirse en adultos, pero todavía se sienten como críos desamparados. Su dolor y sentido de deficiencia se ven reforzados por el aislamiento y la negación de los sentimientos que son tan comunes en nuestra cultura. Muchas personas buscan un camino espiritual llevando esta pesada carga sobre sus hombros, lo que algunos psicólogos llaman un «débil sentido de sí mismo» o un «ego necesitado», con vacíos significativos en su psique y corazón. Este sentido deteriorado de uno mismo se carga durante años en forma de hábitos dañinos y tensiones corporales, reforzado por las historias que nos seguimos contando y las imágenes mentales que fabricamos.

Si tenemos un pobre sentido de nosotros mismos, es muy fácil confundir el empobrecimiento interior con la generosidad y convencernos de que el distanciamiento de todo es el desapego que algunas tradiciones aconsejan. Esto solamente conduce a la pasividad, que está relacionada con la indiferencia. Algo nada propicio para el despertar. Esta percepción errónea puede reforzar nuestra depresión subyacente, la frustración y el miedo al mundo, justificando nuestra incapacidad para encontrar belleza, sentido y el impulso para participar en la vida al máximo.

El atajo espiritual es una sombra muy persistente en la espiritualidad, y se manifiesta de muchas maneras, a menudo sin ser reconocida como tal. Otros aspectos de este desvío incluyen el adormecimiento emocional y la represión, un énfasis excesivo en lo positivo, ceguera ante la ira, desapego mal entendido, confundir la debilidad con la compasión, incapacidad para establecer límites, centrarse solo en las habilidades cognitivas sin un desarrollo suficiente de la inteligencia emocional, rechazar elementos de la propia sombra, devaluación de lo personal en relación con lo espiritual, y delirios de creer haber alcanzado un alto nivel de desarrollo (presentándose como una persona más realizada o santa, lo que Chögyam Trungpa llamó «materialismo espiritual»), cayendo así en la trampa del engreimiento y la grandiosidad. Todo esto puede convertir la espiritualidad en un mecanismo de defensa que nos permita negar cualquier característica negativa de cualquier comportamiento propio, en lugar de hacer el esfuerzo de tratar de mejorarlo.

Es solo un desvío que nos lleva a alejarnos de nosotros mismos y de los demás, escondiéndonos detrás de una especie de velo espiritual de creencias y prácticas metafísicas. Como escribe el autor Robert Augustus Masters, «no solo nos aleja de nuestro dolor y de nuestros difíciles problemas personales, sino también de nuestra propia espiritualidad auténtica, dejándonos en un limbo metafísico, una zona de dulzura y amabilidad exagerada, y de superficialidad». Tratar de forzar un estado de ecuanimidad en el placer y el dolor solo causa estrés a la mente, lo cual resulta en insipidez, artificialidad y tensión en nombre del crecimiento espiritual. Es un error copiar el comportamiento de un maestro realizado mientras se permanece en el estado no realizado. Una persona que parece exhibir moralidad posconvencional puede, en realidad, simplemente estar repitiendo lo que han dicho otros. La forma en que una persona piensa, cómo percibe la realidad y la manera en que actúa en el mundo deben estar alineadas.

En realidad, estamos hablando de un mecanismo de defensa mucho más sutil de detectar que el alcoholismo, por ejemplo, aunque cualquier forma de represión psicológica tiende a ser difícil de identificar y de poder subsanar. El atajo espiritual es aún más difícil de detectar porque aparece bajo el manto de sabiduría y evolución. Siempre puedes recurrir a la meditación para desconectar y encontrar algún tipo de calma cuando estás teniendo con tu pareja un conflicto que tiene que ser tratado. O cantar unos mantras, leer un libro espiritual o mirar las redes sociales en lugar de sentir el dolor de un sueño roto, o tratar de convencerte de que de todos modos todo es una ilusión y seguir distrayéndote con internet cuando necesitas pasar a la acción y buscar trabajo.

Una cosa es entender las cosas intelectualmente, y otra poder romper completamente los amortiguadores y armaduras que hemos construido para proteger nuestra vulnerabilidad emocional. Si tomar un camino espiritual nos sirve para seguir evitando problemas más profundos, entonces nuestro desarrollo se quedará detenido. Como dijo Carl Jung, «el inconsciente personal siempre debe ser tratado primero... de lo contrario, la puerta de entrada al inconsciente cósmico no se puede abrir».

Uno de los atajos que también he visto a menudo alrededor es el atajo racional. La tendencia a buscar refugio en la mente, a vivir solo en los pensamientos y a través de los pensamientos, a sobreintelectualizar y racionalizar cada situación, cada sentimiento y comportamiento, intentando escapar del momento y de lo desagradable de las emociones intensas. El viaje mental suele ser una forma de separarnos de la zona de sensaciones. Lo he visto manifestado como una gran capacidad para articular teorías complejas e interesantes sin tener que ir hacia el corazón y sus razones inescrutables, ni abrazar experiencias difíciles. He tratado a personas con un alto coeficiente intelectual y una excelente capacidad de análisis y comprensión de la complejidad racionalmente, cuya vida personal, sin embargo, es un completo fracaso.

Es muy fácil tomar un atajo espiritual, utilizar conceptos espirituales y esotéricos para eludir el trabajo psicológico real, considerar que ya hemos conquistado altas cumbres de evolución y, no obstante, estar esencialmente mintiéndonos a nosotros mismos sobre nuestro desarrollo, intelectualizando principios sin encarnarlos. Aún lo es más en nuestros tiempos, cuando con el material *new age* existente y muchos libros de autoayuda simplistas, podemos anestesiarnos fácilmente de los problemas y evitar el trabajo psicoterapéutico más profundo, engañándonos continuamente.

Algunos practicantes se enganchan a la idea de la verdad última. Creen que, como todo es perfecto a nivel cósmico, lamentar la separación de alguien que amas o comprometerse con una relación son signos de debilidad por no haber avanzado lo suficiente en el campo del desapego. En lugar de explorar y de hablar de cómo se sienten, lo desdeñan, afirmando que «todo es vacuidad». ¡Por supuesto! Nuestra experiencia nunca es duradera, es solo eso: experiencia. Pero esto no significa que no podamos sentirnos heridos o experimentar decepción, por ejemplo. Es cierto que todo es en última instancia impermanente, y que las emociones más dolorosas van y vienen, cambiando en su naturaleza, intensidad y forma.

Sin embargo, el simple hecho de saber teóricamente que las cosas son efímeras no nos va a empujar a despertar. Esto solo se puede hacer a través de la experiencia. Permitirnos sentir primero, responder con compasión y sanar lo que sea necesario, sin mirar a otro lado mientras tratamos de convencernos de que eso es lo que hacen las personas sabias y espirituales. No tiene sentido establecerse en una montaña más alta, pretendiendo estar por encima de cualquier debilidad. Adoptar comportamientos de maestros espirituales sin haber alcanzado ese nivel de desarrollo tiende a ser común en ciertos círculos. Imponerse a sí mismo verdades superiores más allá de la condición existencial actual sin haberlas integrado primero es cómico. Tratar de estar a la altura de los ideales espirituales negando nuestros sentimientos verdaderos nos aleja de un camino auténtico. No debemos usar las enseñanzas espirituales como una justificación para quedarnos atrapados en una postura defensiva.

Ciertas prácticas espirituales como la meditación nos permiten abandonar las fijaciones de los pensamientos superficiales al aprender a no reaccionar automáticamente. No están destinadas a ser utilizadas como un puente sobre aguas turbulentas. Requerimos algún tipo de trabajo psicológico para abrirnos y limpiar profundamente antes de que podamos relacionarnos con nuestra esencia más directamente. Tenemos que ser plenamente nosotros mismos antes de soltar quienes creíamos que éramos. Hemos de ser alguien antes de darnos cuenta de que no somos nadie. Tenemos que habitar plenamente nuestro cuerpo y sanar nuestras heridas antes de descubrir que esa no es nuestra verdadera identidad. Debemos analizar nuestras historias, nuestros errores y nuestras deficiencias antes de perder cualquier rastro de identificación con ellos. Dar un salto antes de haber hecho nuestro trabajo interno correctamente no solo es inútil, sino que también representa un gran autoengaño.

Iluminarnos plenamente implica ser completamente humanos primero. Nos encarnamos para llegar a esa etapa a través de situaciones duras y complejas, de emociones y relaciones en las que nos enredamos. Por tanto, debemos usarlas como parte del camino real hacia la conciencia superior. No porque hayamos logrado mantenernos alejados de ellas con éxito, sino porque gracias a ellas hemos trabajado, por lo que las abrazamos para trascenderlas.

La vida tiene el curioso hábito de atraer repetidamente personas y situaciones a nuestra vida que nos permiten lidiar con nuestro inconsciente personal y con la oscuridad interior que necesitamos hacer consciente, antes de que podamos alcanzar cualquier estado espiritual superior. En ese sentido, las relaciones son un medio muy poderoso y desafiante, ya que en el momento en el que se desencadenan heridas inconscientes en nosotros, nos enredamos proyectando nuestra sombra. A menudo estas heridas inconscientes se relacionan con nuestras necesidades no satisfechas por nuestros padres en la infancia, o con viejas heridas de relaciones pasadas que no hemos sanado completamente ni hemos dejado ir y ahora se vuelven a activar. A veces es porque no hemos estado dispuestos a ver que todavía llevamos cargas del pasado. En ocasiones estamos convencidos de que ya lo hemos trabajado todo y estamos totalmente curados, sanos y maduros. Otras veces preferimos permanecer ciegos a nuestros propios puntos débiles, ya que es demasiado doloroso nadar en las profundidades de nuestro inconsciente, admitir nuestras deficiencias y mirar a nuestros fantasmas de frente. A veces, es solo que demasiados desencadenantes aparecen a la vez y caemos en reacciones mecánicas que pensábamos que habíamos superado hace mucho tiempo. Muy a menudo, incluso si somos conscientes de estos temas, nunca los hemos trabajado a un nivel emocional profundo, y no somos capaces de hacerlo por nuestra cuenta. Requerimos la orientación y asistencia de un profesional.

Por lo tanto, tenemos que reconocer que en algún momento todos hemos tratado de evitar nuestros problemas psicológicos, y hemos intentado hacer lo que fuera necesario para sentirnos mejor con nosotros mismos. Una vez que lo aceptamos, podemos contemplarnos a nosotros mismos y a los demás con mayor compasión y comprensión, en lugar de criticar y juzgar. Tenemos que reconocer nuestras emociones, impulsos e intenciones más oscuras o menos espirituales, lidiar con ellas y dejar de negarlas como parte de nosotros mismos. Debemos ser conscientes de nuestra necesidad de ser alguien especial, espiritual, avanzado, y dejar de dividirlo todo en positivo y negativo, superior e inferior, espiritual y no espiritual. Hemos de dejar de desear alcanzar un estado de inmunidad al dolor. El dolor es inherente a la condición humana. Cuanto antes lo reconozcamos, antes podremos empezar a trabajar en no crear más sufrimiento para nosotros mismos y para el mundo buscando maneras de sedar nuestras aflicciones sin enfrentarnos a ellas de frente y negar la dosis obvia de angustia que conlleva encarnar en esta Tierra.

Por último, no deberíamos olvidar el atajo más extendido en nuestra sociedad, en la que existe un hábito omnipresente de permanecer permanentemente centrados en la realidad práctica y mundana en un esfuerzo por evitar una experiencia de unidad, un panorama más amplio, una verdadera realidad más allá de las apariencias convencionales. Existe una obsesión común de lograr un gran éxito en el mundo material, a menudo llevando una vida espiritualmente en bancarrota. Este sería el atajo del pragmatismo, una de las enfermedades más peligrosas de nuestro tiempo. Y nos está llevando a un abismo muy peligroso, como explicamos al principio del libro.

CAPÍTULO 11

El despertar

> «Jesucristo sabía que era Dios. Así que despierta y averigua quién eres realmente. En nuestra cultura, por supuesto, dirán que estás loco y que eres blasfemo, y te meterán en la cárcel o en un manicomio (que es más o menos lo mismo). Sin embargo, si despiertas en la India y les dices a tus amigos: "Madre mía, acabo de descubrir que soy Dios", se reirán y dirán: "Oh, felicidades, por fin te has dado cuenta"».
>
> Alan W. Watts

Para muchas tradiciones espirituales, el camino hacia el despertar es gradual. En el cristianismo, el judaísmo y el islam se le llama salvación y se enseña como un camino progresivo, exceptuando sus respectivas ramas místicas. Algunas tradiciones orientales también tienen un enfoque más directo, como Dzogchen y Mahamudra en el budismo, o el Advaita Vedanta en el hinduismo. No fue hasta la década de 1970, cuando los maestros orientales llegaron a Occidente, que esas ideas comenzaron a ser incluidas en las nuevas escuelas de psicología, así como en las enseñanzas de algunos maestros realizados contemporáneos. Por lo tanto, la presencia de individuos realizados que llegaron a su despertar a través de los enfoques directos de los caminos antaño solo orientales es un fenómeno reciente para la cultura occidental. Afortunadamente, todo esto nos ha permitido tener acceso al conocimiento antiguo de una manera más moderna, para que la gente pueda entenderlo y empezar a aplicarlo sin la necesidad de emigrar a la India o al Himalaya para seguir un verdadero camino espiritual. La realización es una posibilidad real para las personas normales que viven en el mundo de las relaciones, el trabajo, la familia y los desafíos cotidianos.

Me gustaría mencionar que las nociones aparentemente opuestas de enfoques graduales y directos pueden ser engañosas, porque aquellos que caminan por el camino directo pueden requerir tanto tiempo para lograr una realización estable como los que están en uno gradual. Por ejemplo, muchos de los caminos directos requieren horas de ardua meditación, así como extensos períodos de retiro. Tal vez, la base del camino directo sea el uso de la presencia en el ahora con la consciencia total como punto de partida de la transformación, mientras que el gradual pone énfasis en la necesidad de cultivar las virtudes como requisito previo esencial.

¿Cuál es exactamente el significado del despertar? Podríamos decir que es darnos cuenta de nuestra verdadera naturaleza, de tal manera que la identidad de la persona cambia y se estabiliza, yendo de la personalidad condicionada a la de su verdadero ser ilimitado. La personalidad condicionada gestionada por el ego, llena de patrones habituales y guiada por una visión dualista es lo que tendemos a creer es lo que somos, una entidad separada con una existencia independiente. Y la verdadera naturaleza es la esencia de cada individuo, la chispa divina: luminosa, infinita y completa. Se trata de descubrir quiénes somos realmente más allá de la ilusión de dualidad. No niega el cuerpo ni la vida terrenal, pero hay un reconocimiento de que la identidad más real es la consciencia fundamental, más allá de todas las apariencias y conceptos. Representa lo más primordial de nuestra experiencia y nuestro ser, y, por tanto, no se puede construir porque preexiste. Es muy difícil traducir en palabras una experiencia de este calibre, ya que los procesos de pensamiento conceptual son básicamente dualistas, y estamos hablando de una realidad trascendental que va más allá de cualquier construcción mental. Lo que sí puede resultar útil es entender que el despertar no es un fin en sí mismo. Es más bien la última etapa del florecimiento humano, de la realización humana, ya que el individuo alcanza el mayor potencial con el que todos nacemos. De hecho, es el verdadero propósito de nuestro camino y de nuestra vida; ir más allá de los aparentes opuestos de oscuridad y luz, conectando con la conciencia que puede mantener la unidad en la presencia de ambos, abrazándolos.

Para tratar de entender lo que supone asentarse en el estado del despertar, vamos a ofrecer una descripción de este estado. Podríamos decir que es una experiencia en la que no hay esfuerzo para ser nosotros mismos. Los deseos se vuelven transparentes, puesto que ya no hay necesidades. No hay acción para mantener nuestra identidad, simplemente somos. No hay defensa, ni juicio, ni intento de estar a la altura de ningún estándar, y supone una disminución enorme del sufrimiento psicológico. Empezamos a percibir directamente, sin tanto filtro. Somos perfectamente capaces de actuar, sentir y pensar, pero esto se lleva a cabo desde una presencia auténtica y espontánea. Nuestra tendencia a aferrarnos a las cosas y a rechazarlas se reduce en gran medida. No hay resistencia frente a los acontecimientos externos, no hay apego a los objetivos, no hay crítica ni de uno mismo ni de los demás, desaparece el apego a las posesiones, no hay miedo al futuro ni tampoco lucha para llegar a ser nadie, porque ya somos ese ser. Nos sentimos ligeros, pacíficos, enteros. Aparece la sensación de haber encontrado lo que uno estaba buscando, de haber llegado a donde uno anhelaba. Está mucho más allá de la felicidad. Ser nosotros mismos es una acción completamente armoniosa equivalente a ser UNO con todos, más allá de los límites conceptuales del tiempo y el espacio. Ahí podemos ver que la realidad de lo divino no puede ser entendida por la mente. Solo se puede sentir. Por eso, lo que diferencia a esta comprensión de la especulación y la teoría filosóficas es que es directa y no conceptual. La persona se convierte en una encarnación de paz, quietud y compasión. Y esto es una hazaña fenomenal. Tal vez una de las mayores contribuciones que cada uno de nosotros puede hacer a la era en la que nos ha tocado vivir es recordar que cada acto de despertar es increíblemente valioso y beneficioso para todos.

Por lo general, todo comienza con experiencias temporales no duales en las que la persona tiene una aprehensión de la realidad sin la mediación del pensamiento analítico, en forma de contacto directo. Como describimos en el capítulo anterior, esos momentos efímeros pueden producir efectos transformadores en las personas. A nivel personal, ya no ven nada como un problema, sino como una oportunidad. Pueden experimentar una profunda satisfacción, mayor vitalidad, mayor estado de armonía con la vida, mayor conciencia, mayor sentimiento de interconexión con los seres vivos, inspiración, ecuanimidad, percepción de lo sagrado en lo cotidiano, gratitud, amor, compasión, intención de servir, más percepciones, alegría, libertad, confianza, una profunda empatía con los demás y menor egoísmo. Se experimentan a sí mismos como un instrumento de una fuerza inteligente mayor, y tienen un profundo sentido de la realidad unitiva.

Aparece una especie de convergencia interna que aporta una mayor capacidad de comprensión, conocimiento, claridad y guía intuitiva, y una apertura del corazón que amplía la capacidad de amor incondicional, de paz, de inmensidad, de vulnerabilidad y de conexión. Y también una apertura del plexo solar que a menudo se asocia con la realización, la energía interior, el enraizamiento, la confianza y la acción despierta. A través de este movimiento, tiene lugar una purificación progresiva de la consciencia individual en la que las visiones falsas se van abandonando gradualmente, dejando las perspectivas antiguas atrás. Este proceso, que puede durar muchos años, ayuda a desintegrar la energía mental, emocional y física invertida en defender nuestra interpretación particular de quiénes somos y lo que necesitamos. En algún momento, el sentimiento básico de imperfección que nos acompañaba y la creencia central de carencia desaparece.

Sin embargo, la integración y estabilización en la vida cotidiana de esos increíbles cambios no es una tarea fácil. Por el contrario, representa una prueba tremenda para todos nosotros. El psicólogo John Selwood explica:

> «Algunos de los que hemos estado involucrados en prácticas meditativas en las últimas décadas tenemos un sabor directo de la realización... Hemos visto a través de los velos de la mente condicionada y hemos percibido el Ser. Sin embargo, la plena encarnación de tales realizaciones —que se manifiestan como una forma sabia y equilibrada de participar en el trabajo, en las relaciones íntimas y en los complejos desafíos de la sociedad moderna— representa otro obstáculo completamente diferente. Necesitamos otros métodos que nos ayuden a integrar la realización espiritual en nuestras ajetreadas vidas».

De hecho, el objetivo del camino espiritual no es tener experiencias espirituales, sino integrarlas en nosotros mismos para que podamos llevar una vida espiritual con un mayor grado de consciencia y transformar el mundo en consecuencia. Por lo tanto, el principio principal de la integración es transformar la personalidad en Ser, lo que significa llevar el ser a la acción, encarnándolo.

Algunos maestros sugieren que hagamos una distinción entre el despertar y la realización. Podemos experimentar un despertar repentino o progresivo, pasar de creer que somos una sola entidad separada a percibir claramente que somos parte del cosmos infinito. La comprensión ocurre cuando ese despertar se convierte en un estado permanente de ser. Por lo general, las personas comienzan con momentos o estados de despertar, pero luego se disuelven y regresan a la identificación con lo personal. La liberación llega cuando ya no nos contraemos de nuevo al pequeño yo, cuando no hay más búsqueda.

Considero importante aclarar este punto que, de otra manera, puede conducir al sufrimiento, ya que la mayoría de la gente espera que el despertar sea estable y duradero desde el principio. Es solo un mito común. Debemos tener en cuenta —para no tener expectativas poco realistas— que, antes del cambio final, la mayoría de la gente lleva a cabo una lucha y una búsqueda de la paz interior durante muchos años. Y, después, la mayoría de las personas pasan por otro largo proceso hasta que son capaces de estabilizar la comprensión de la unidad de consciencia (si es que son capaces de hacerlo en la misma vida).

Parece que existen bastantes conceptos erróneos sobre lo que es el despertar, por lo que me gustaría intentar aclararlos. No es otra experiencia espiritual o un estado de conciencia inducido y alterado (a veces por sustancias). No es algo que podamos lograr por pura voluntad o deseo o conocimiento particular. No es una tarea de superación personal. No es un paso hacia convertirse en una mejor versión de ti mismo, básicamente porque es algo que trasciende el ego. Es algo radicalmente diferente. Es una creciente percepción del silencio interior y la percepción del no ego y de la unidad. De hecho, es una transformación de la consciencia que proporciona a la persona la sensación de que la búsqueda ha terminado, de que las añoranzas se extinguen. Es la confirmación de que por fin ha encontrado su hogar.

También debemos tener en cuenta que una persona no se vuelve inmediatamente extraordinaria después del despertar y no trasciende automáticamente las experiencias normales de la vida, ni todas las emociones y circunstancias difíciles. Simplemente el apego a ellas desaparece. A medida que todo se percibe como fugaz, fluido y en proceso de devenir, las cosas siguen sucediendo, pero ya no crean sufrimiento en la persona porque el apego, el juicio y el miedo no se superponen a los objetos ni a las personas. También aparece una gran rendición, un abandono de todas las formas de control, y se permite que la vida suceda como tenga que ser. Hay una profunda disolución de todas las inseguridades, miedos, dudas, sentido de deficiencia y todo el conglomerado ficticio que creemos que somos.

Para que la comprensión esté bien arraigada, primero tenemos que transformar la estructura del ego, no solo trascenderla. Es decir, tenemos que enfrentarnos a la herida narcisista que todos tenemos, al profundo dolor que llevamos por no haber sido vistos, apoyados y apreciados tal como somos. A menos que seamos conscientes de esta herida del corazón (que nace del condicionamiento en la infancia) y la sanemos, se convertirá en un problema espiritual mucho mayor después: una desconexión del flujo del amor que es nuestra verdadera naturaleza. No es una tarea fácil, ya que al trabajar en este proceso puede surgir un sentido de traición hacia uno mismo y hacia los demás, y también sentimientos de vacío, rabia, culpabilidad, resentimiento, rechazo, falta de sentido e incluso depresión existencial. Si lo sabemos, podremos reconocerlo como parte del camino y que no nos detenga.

También debemos tener en cuenta otros obstáculos potenciales que muy probablemente aparecerán, como la pretensión de estar más desarrollados de lo que estamos, la falsa identificación con nuestros logros, tratar de defender nuestra posición y nuestros puntos de vista más expandidos con otros que no los puede ver todavía, y el orgullo. A veces también puede haber una falta de voluntad para entrar en lo desconocido porque estamos demasiado apegados a nuestras creencias y todavía nos identificamos con las historias que hemos creado sobre nosotros mismos. Y puede surgir un esfuerzo por mantener el estado de comprensión, como si fuera algo que puede ser ganado o perdido por la pura fuerza. Podemos asimismo perdernos en el concepto erróneo de que la vacuidad conduce a una actitud general nihilista, en lugar de percibirla como lo que realmente es, la Conciencia Universal, el Espíritu, Dios o la Fuente (en términos occidentales), la Luz clara (en el budismo) o Brahma (en el hinduísmo). Es decir, paz completa, alegría y quietud, sin ningún tipo de manifestación o proyección; la esencia del Ser.

Si nos despojamos de los ideales del ego y nos alineamos con nuestra guía interior basada en el ser —con transparencia y humildad—, podremos superar lo antes mencionado.

¿Cómo se inicia el viaje hacia el despertar? A veces con atisbos que surgen espontáneamente. Pueden ser reconocidos como experiencias místicas que comienzan a abrir las puertas del espíritu. A menudo, nos damos cuenta de esta posibilidad al estar expuestos a enseñanzas sobre la realización o al conocer a algún gran maestro. Con frecuencia, las personas tienen una sensación persistente de vacío que no desaparece con ningún logro material, ni con una relación estupenda ni con distracciones. La vida parece carecer de sentido y la persona empieza a preguntarse si hay algo más. A veces somos como un niño que ha superado la necesidad de jugar con juguetes; el juego ya no le resulta interesante. Mantenerse atrapados en la locura del mundo material y el patrón instintivo de tratar de controlar o arreglarlo todo y a todos se percibe como algo inútil. Muchos otros pasan por períodos muy oscuros de fracaso o desesperación silenciosa, y sienten que han llegado a un callejón sin salida. Obviamente, si todavía piensas que puedes encontrar satisfacción duradera buscando la felicidad en objetos materiales, actividades externas o relaciones, el despertar permanecerá fuera de tu alcance. Sin el reconocimiento de que, en última instancia, nada de eso te completará, no alcanzarás la madurez espiritual necesaria.

En las tradiciones orientales, el papel de un maestro espiritual en el camino hacia la iluminación siempre se ha destacado y considerado una necesidad. Se reconoce que, cuando las personas piensan que no necesitan un maestro, es porque son arrogantes, están confundidas, o ambas cosas. Sin embargo, esto no cuadra demasiado bien con la mentalidad occidental que valora la independencia, la autonomía y la voluntad individual. Por lo tanto, tiende a ser un tema delicado para nosotros.

He visto a personas en la India, tanto indios como occidentales, sentarse a los pies de un gurú y esperar que un milagro suceda o jactarse de su conexión con un ser tan especial. Puede ser muy reconfortante entregar el poder y la responsabilidad a otra persona para poderte deshacer de la carga del libre albedrío. Puede proporcionar una falsa sensación de seguridad. Algunos de estos gurús han cultivado intencionalmente un tipo de imagen sobrehumana o de avatar para manipular a sus seguidores, elevándose a una posición de poder personal e inflando su ego. Si el despertar no está alineado con la purificación y transformación del ego, se convierte en un superego. La línea que separa la autorrealización y la megalomanía puede ser muy delgada.

En el budismo, el profesor del *dharma* o lama enseña a otros cómo usar diferentes técnicas de meditación y explica la filosofía budista. Un individuo como este no es un gurú, ya que no suele ponerse en una posición de autoridad o poder. Tradicionalmente, un lama indica las instrucciones, da apoyo y actúa como guía a lo largo del camino, transmite conocimientos e iniciaciones, y de alguna manera ayuda a anclar la verdad que él mismo ya ha integrado.

El deseo de descubrir nuestro verdadero yo por nuestra cuenta es básicamente positivo y necesario, es el combustible del camino del autodesarrollo. Es lo que nos empujará a iniciar este camino que no siempre es fácil ni sencillo. Sin embargo, cada buscador en el camino debe tarde o temprano darse cuenta con humildad de sus limitaciones fundamentales. Hay áreas del sendero a las que no se puede acceder por ningún tipo de meditación o examen, ya que ni siquiera se pueden imaginar. Es casi imposible alcanzar esta transformación sin guía. Algunas personas están en contacto con maestros vivos y tienen una relación con ellos. Pero, en mi experiencia, esto no siempre es posible ni necesario en nuestra sociedad moderna, donde tales maestros realizados no abundan. Sin embargo, una guía es totalmente necesaria en algún momento, aunque puede ser sustituida por la conexión con libros, audios o vídeos de un maestro.

Algunas personas tienen atisbos de despertar (que pueden durar desde segundos hasta días), pero, si no tienen conocimiento de la espiritualidad y las diferentes etapas en el camino, pueden pensar que están locos o descartar por completo lo que les ha sucedido sin mayor investigación. Para integrar y ampliar esas experiencias, normalmente necesitamos a alguien que las conozca, con el fin de que pueda validarlas. De lo contrario, es posible que no sepamos qué hacer o qué significan.

Está claro que debemos asumir la responsabilidad de nuestra evolución, ya que el progreso depende de nosotros. Sin embargo, el camino del samsara es tan difícil y retorcido que, sin alguna guía profunda, nos mantendremos atrapados para siempre en nuestra ignorancia e ilusiones. El buscador necesita caminar por sí mismo, pero algún tipo de guía es extremadamente útil cuando se explora el bosque salvaje del reino interior. Es aconsejable tener un mapa que nos advierta sobre los peligros y trampas que podemos encontrar, los valles donde podemos descansar o las escaleras que nos llevarán a terrenos más altos. El viaje de todos va en la misma dirección y tenemos requisitos muy similares para lograr la paz interior y llegar a completarnos. Nuestras pequeñas diferencias dependen de nuestro pasado evolutivo y kármico y de nuestro potencial. Por eso tenemos que elegir el camino y el ritmo más adaptado a nuestra idiosincrasia individual. Idealmente, deberíamos tener al alcance un ser (personalmente presente o a través de sus obras) con experiencia; alguien que ya ha pasado por ello y conoce la mayoría de las sutilezas.

Cada persona debe estar dispuesta a hacer los sacrificios necesarios para avanzar en el camino interior, estar lista para esforzarse y dejar a un lado lo que se convierta en una carga. Cada uno debe asumir la responsabilidad de seguir la intención superior de su alma y comprometerse seriamente a vencer sus debilidades e impulsos automáticos. Todos necesitamos un guía y, sin embargo, cada uno debe caminar solo. Cada persona necesita aprender a utilizar las dificultades como material para su crecimiento y transformación.

Por supuesto, es más fácil decirlo que hacerlo. Probablemente por eso muchos son llamados, pero pocos elegidos. No es un camino para los débiles de corazón, los orientados hacia lo material o quienes buscan un cambio de imagen rápido.

CAPÍTULO 12

El papel de la meditación

> «Cuando se domina la meditación, la mente es inquebrantable como la llama de una vela en un lugar sin viento».
>
> BHAGAVAD GITA

El papel de la meditación es vital en la transformación humana. Aunque la cultura occidental premia el pensamiento lineal, discursivo, y racional, las tradiciones de meditación de Oriente (budista, tibetana, china, japonesa, y la tradición Vedanta, por ejemplo) tienen procedimientos que conducen a experiencias más allá de la mente conceptual. Estas prácticas están destinadas a poner a la persona en contacto con lo Absoluto, más allá de la división entre el sujeto y el objeto, más allá de la dualidad. Son modos de experiencia más directos en los que el conocedor y lo conocido se funden, y se trasciende la autodefensa personal habitual a la que nos aferramos. El objetivo es morar en la conciencia cósmica, desde donde se puede ver el mundo y actuar en él, pero el centro de gravedad es la presencia. A través de la práctica contemplativa se obtiene la capacidad de entrar más y más en el gran Silencio.

El meditador aprende a limitarse a observar la sucesión de pensamientos, emociones y sensaciones a medida que surgen y luego pasan. A diferencia de la psicología y la terapia, no se presta atención al contenido. Por lo tanto, la persona está abierta a todo lo que aparece en la mente, sin preferencias, comentarios, juicios, reflexión o interpretación. Una de las primeras cosas que notamos una vez que comenzamos a meditar es que nuestra mente (y por tanto la mayor parte de nuestro día) está dominada principalmente por la charla verbal. Empezamos a darnos cuenta de que pasamos todo el tiempo comentando hechos, así como creando y repitiendo historias. Se necesita tiempo y compromiso serio con la práctica de observar pensamientos, imágenes, ideas, fantasías y teorías como imágenes de una película proyectada en la pantalla de nuestra cabeza.

Estoy totalmente de acuerdo con el punto de vista del maestro vietnamita Thich Nhat Hanh:

> «La meditación es ser conscientes de lo que está sucediendo en nuestro cuerpo, en nuestras emociones, en nuestra mente y en el mundo. Cada día hay niños que mueren de hambre. Sin embargo, el amanecer es hermoso, la rosa que floreció esta mañana es un milagro. La vida es a la vez terrible y maravillosa. Practicar la meditación es estar en contacto con ambos aspectos».

La meditación es una herramienta para cultivar un equilibrio psicológico y emocional que nos prepara para afrontar los desafíos de la vida sin que estos nos barran. Con tantas distracciones e información llenando cada minuto de nuestro día, necesitamos una estructura y una disciplina que nos mantenga sin perturbaciones, sanos y centrados.

Como hemos mencionado, la meditación nos enseña a soltar las fijaciones del pensamiento superficial y las sensaciones, dejando que surjan sin seguirlas ni reaccionar ante ellas. En lugar de encontrar sentido y soluciones a lo que se presenta en nuestra mente, nos liberamos el estrecho mundo de la preocupación continua por nosotros mismos y nuestros asuntos. Es también una preparación con el fin de mantener una apertura radical ante cualquier experiencia que llegue, en lugar de dar un paso atrás, escondernos de lo desagradable o incluso incurrir en el cuestionamiento interno continuamente. Trabajar en este nuevo enfoque es lo que nos puede dirigir hacia el desarrollo de una presencia real. Cuando aprendes a tener una relación directa y cruda con lo que es, sin resistencia ni necesidad de que sea diferente de lo que es, nace en ti una nueva conciencia, alegría y claridad. Es como descubrir una libertad desconocida que siempre ha estado disponible pero oculta para ti. Te da una gran fuerza interior y confianza en la vida y en ti mismo. Te llena de profunda serenidad. Descubres que todo lo que siempre quisiste ya está en ti.

Hay más de tres mil estudios científicos sobre los beneficios de la meditación. Algunos de esos beneficios verificados incluyen disminución de la depresión, así como menor pensamiento rumiativo y creencias disfuncionales; puede ser tan eficaz para tratar la ansiedad como la terapia antidepresiva química sin efectos secundarios, reduce el estrés y la ansiedad general, aumenta la actividad en áreas del cerebro involucradas en el aprendizaje y la memoria, regula las emociones, proporciona perspectiva, mejora la concentración, la atención y la capacidad de trabajar bajo estrés, proporciona un mejor procesamiento de la información, mejora la toma de decisiones, la memoria y la atención; aumenta la fuerza mental, la resiliencia y la inteligencia emocional; alivia el dolor mejor que la morfina, reduce la hiperactividad y la impulsividad, mejora el estado de ánimo y aumenta el bienestar psicológico, nos prepara para hacer frente a eventos estresantes, fomenta la creatividad, reduce el riesgo de enfermedades cardíacas y accidentes cerebrovasculares, fortalece el sistema inmunitario y la resiliencia, disminuye los trastornos inflamatorios, reduce la presión arterial e incluso puede hacer que vivas más tiempo. Si después de esta larga lista no estás convencido de la importancia de practicar la meditación, eres un caso perdido. Ahora en serio, es genial que tengamos una investigación científica tan sólida que confirme lo que las filosofías orientales han sabido durante siglos: la meditación debe ser una parte esencial de nuestra vida diaria porque nos ayuda de muchas maneras obvias y sutiles.

Los efectos menos tangibles o evidentes son probablemente aún más importantes, porque forman la base de nuestro camino hacia la iluminación. Y tienen que ver con trascender el cuerpo y la mente para experimentar aspectos más profundos de nuestro yo. Estamos dominados por todo aquello con lo que nuestro ego se identifica. Por eso, hasta que seamos capaces de separarnos completamente de nuestros pensamientos y lograr una cierta distancia psicológica de ellos, no podremos trascenderlos y asomarnos a reinos más profundos del ser. Mientras seamos arrastrados por las compulsiones y defensas del ego, no podremos dejarlo de lado a voluntad. Mientras nos identifiquemos con los altibajos de nuestros pensamientos y emociones, la consciencia superior permanecerá oculta para nosotros. Mientras creamos que somos nuestros logros y fracasos, seguiremos esclavizados por las reglas de la sociedad destinadas a manipularnos. Mientras alimentemos nuestras historias construidas sobre quiénes somos, la posibilidad de trascenderlas seguirá siendo esquiva.

Requerimos formarnos en meditación para superar la mente teórica y analítica. Entrar en el reino de la experiencia es el puente necesario para integrar lecciones de vida, elevarnos más allá del mundo sensorial y no ser atraídos por las apariencias y las percepciones sensoriales. En la meditación, podemos sentir lo que es tener un contacto directo con una realidad más amplia y profunda sin la interpretación continua de la mente. Un contacto directo con la energía que lo impregna todo, con la Totalidad sin ninguna actividad ni búsqueda de automejora, con la paz y perfección subyacentes que ya están en nosotros. Facilita ir más allá de la narrativa y los conceptos arraigados hacia un estado de Consciencia pura. Nos permite experimentar un estado de plenitud sin necesidad de hacer nada para ganarlo. En realidad, puede ayudarnos a tener una visión insondable y mantener un estado de no ego. Es una hermosa clave para aprender a rendirse. Por supuesto, la meditación formal es solo un escalón para preparar el terreno y poder vivir todo eso en nuestra vida diaria. Ese sería el objetivo final de la meditación.

Dicho todo esto, estamos introduciendo la meditación en Occidente con pequeños pasitos. En una sociedad tan escéptica, materialista y utilitaria, se presenta principalmente como *mindfulness*, un método sencillo de entrenamiento mental. Al trasplantarse a nuestra cultura, este tipo de meditación ha sido sacada de su contexto más amplio, de una cultura impregnada por los valores budistas y una ética que también forma parte del sistema de entrenamiento y de una forma de vida. Cuando este tipo de meditación se lleva a cabo como una práctica aislada de ejercicio mental —como se enseña y se utiliza habitualmente aquí hoy en día— factores tales como la intención adecuada, el cultivo del comportamiento ético y la comprensión correcta se ignoran, y, en mi opinión, esto puede tener consecuencias negativas. Por eso no deberíamos hablar y alentar solo el *mindfulness*, sino el *kindfulness* o *mindfulness* con corazón. De lo contrario, podemos terminar con francotiradores y psicópatas con mucha atención plena.

La meditación tiene que practicarse diariamente. Se puede empezar con unos pocos minutos y luego ir incrementando el tiempo y el espacio dedicado. Sobre todo, es fundamental mantener la disciplina para meditar todos los días. De lo contrario, la posibilidad de transformación queda fuera de nuestro alcance, perdida en la prisa y la repetición sin sentido de las actividades diarias. También es una excelente herramienta para conectar diariamente con nuestro yo más profundo y equilibrar los patrones dañinos del pensamiento excesivo. Mantenernos enganchados a juzgar y analizar continuamente, así como a alimentarnos de más y más información inútil, no nos lleva a ninguna parte.

Mi deseo es que la mayoría de las personas que comienzan a practicar, aunque sea simplemente por la urgente necesidad de aliviar su sufrimiento y estrés, a su debido tiempo quieran profundizar en la práctica y asimilarla como un camino espiritual para una mayor apertura y, en última instancia, la liberación. Voltaire ya lo sabía: «La meditación es la disolución de los pensamientos en la Consciencia eterna o en la Consciencia pura sin objetivizar, sabiendo sin pensar, fusionando lo finito en el infinito».

CAPÍTULO 13

Abandonar la Matrix

«Sé consciente de que todo es una ilusión, un castillo en las nubes, un sueño, una aparición, sin esencia, pero con cualidades que pueden verse.

Como un mago crea ilusiones de caballos, bueyes, carros y otras cosas, nada es lo que parece».

Buda

La película *Matrix* proporcionó un excelente marco para entender que nacemos en un mundo ilusorio, como en un sueño, y que podemos tomar una pastilla roja para despertar de esta realidad simulada. Muestra que nuestro mundo tridimensional no es lo que pensamos. Si el mecanismo de disonancia cognitiva no toma el control de tu mente, comienzas a apreciar modelos alternativos a los que la sociedad te presenta. Una vez que percibes el mundo de manera diferente, entiendes que la llamada realidad es un sistema comúnmente aceptado. Ralph Waldo Emerson expresó que la mente no puede volver a su estado anterior una vez que se expande hacia nuevas dimensiones. Así, una vez que ves los fallos de la Matrix, comienzas el camino hacia la salida.

Se ha demostrado que el cerebro responde a estímulos percibidos en un entorno virtual de la misma manera que lo hace a impulsos naturales en un entorno físico. Hoy, la tecnología es tan avanzada que las simulaciones de mundos virtuales completamente inmersivos pueden ser convincentes. Un metaverso tentador está listo para desplegarse para aquellos ansiosos por entrar en una línea de tiempo artificial.

El mundo que nos rodea es una construcción física, como han presentado algunos científicos. El mundo físico no consiste en materia física, sino en energía e información.

Algunos científicos y teóricos de vanguardia han formulado la «hipótesis de la simulación», que afirma que todos vivimos dentro de un sofisticado videojuego. En esta simulación —dicen— hay personajes que juegan dentro del mundo renderizado y que están asociados y controlados por seres conscientes fuera del mundo generado. Dentro, también hay personajes que son meros jugadores de relleno (NPC, *non-player characters* en inglés) que están ahí para hacer lo que los NPC suelen hacer en los videojuegos: asistir a los jugadores de alguna manera para ayudarles a alcanzar —o impedirles que lo hagan— sus objetivos.

Aunque tenemos que buscar arduamente formas en que la hipótesis de la simulación podría estar conectada con algunas creencias centrales de las religiones occidentales, la hipótesis de la simulación es mucho más clara en las tradiciones orientales.

Buda no dijo mucho sobre Dios. No afirmó que existiera o no un Dios o dioses. Simplemente mantuvo silencio sobre el tema. En cambio, parecía más preocupado por la mecánica de cómo funciona la vida, la reencarnación y el karma, y qué significan para la persona. Las tradiciones orientales enseñan que el mundo que nos rodea es una especie de ilusión, como un sueño. Utilizamos nuestro cuerpo para desempeñar diferentes roles en nuestras múltiples vidas. Es muy similar a un videojuego muy sofisticado, como la película *Matrix*.

Las tradiciones orientales apoyan explícitamente que el mundo que nos rodea es *maya* o una ilusión, y que nuestras acciones son registradas y tienen reverberaciones que deben desarrollarse, a menudo en vidas futuras.

Según los Vedas hindúes, Lila es el gran juego. Nos involucramos tanto en él que lo tomamos por realidad. Por supuesto, verlo como una obra de teatro es una metáfora que tenía sentido cuando se escribió. Una alegoría más moderna para nosotros es la de un videojuego. Este juego no es solo una película que vemos cómodamente sentados entre el público. Por el contrario, participamos activamente en él, modificándolo.

En el budismo, el objetivo es reconocer la naturaleza ilusoria del mundo que nos rodea, el samsara, como si estuviéramos en un sueño. Dentro de las tradiciones tibetanas hay toda una práctica, el Yoga de los Sueños, cuyo objetivo es ayudarte a reconocer que estás en un sueño mientras estás dormido. Una vez que te das cuenta de que todos los estados de sueño son meramente ilusorios, estarás preparado para hacer lo mismo mientras estás despierto. Es uno de los seis yogas de Naropa, preservados en las tradiciones tibetanas.

Los humanos nunca han explorado completamente el significado más profundo de esta metáfora, que se ha utilizado durante miles de años. Aún tenemos que integrar completamente la idea de que lo que percibimos como real es una especie de proyección, como una experiencia de película artificial interactiva que recuerda a un sueño. O incluso más precisamente, como explicábamos antes, como un videojuego o una simulación bien avanzada.

En el budismo, la idea es alcanzar la iluminación, salir de la rueda de la reencarnación y despertar del samsara. Recordemos que Buda literalmente significa «aquel que está despierto».

Desde el principio, los videojuegos han utilizado la idea de tener múltiples vidas para seguir jugando, lo cual es una clara metáfora de la reencarnación. Como explican las tradiciones orientales, un alma se descarga repetidamente en un cuerpo físico. Se utiliza la colorida analogía de cruzar el río del Olvido, para que no podamos recordar nuestras vidas pasadas. Más tarde, nos encarnamos en un nuevo cuerpo y, al hacerlo, pasamos por nuevas experiencias, creando nuevo karma a medida que atravesamos nuevas situaciones en el juego. La filosofía budista se expresa en la rueda interminable de quedarse vagando en el samsara, donde los seres se quedan atrapados durante mucho tiempo.

En los videojuegos, las personas son jugadores que viven fuera del mundo renderizado. Cuentan con un personaje en el mundo del juego, y pueden pausar el personaje o seguir jugando con él hasta que muere. Al tomar acción en esta vida, estamos creando un nuevo conjunto de misiones que nuestra alma tendrá que completar en una vida futura. Esa es la ley del karma en acción. Por lo tanto, cada vez que jugamos el juego, generamos más desafíos por cumplir.

Una interacción se inicia cuando las almas de los jugadores se sienten listas para aceptar el desafío que supondrá. El libre albedrío y la elección están presentes, así como la fuerza invisible que nos guía hacia ciertas personas y acciones específicas con el fin de permitirnos equilibrar nuestro karma. Cuando la persona despierta del estado ilusorio a la realidad, los budistas explican que la rueda del vagar deja de girar. La conciencia individual ha completado el ciclo; la gota es entonces libre de regresar al océano. Así, te sitúas en tu última encarnación aquí, en el juego.

Complicando todo esto un poco más, mis percepciones me han llevado a contemplar que, lejos de vivir en un único universo, vivimos en una red compleja e interconectada de múltiples líneas temporales. Este concepto es actualmente conocido como el multiverso. El multiverso modifica nuestra comprensión del mundo que nos rodea, así como nuestro conocimiento del pasado y del futuro. Consecuentemente, ni el espacio ni el tiempo son lo que creemos.

No solo una línea temporal puede ser simulada, sino varias, o incluso un número infinito. Cada línea temporal simulada será una ejecución de simulación diferente, cambiando algunas variables basadas en nuevas reglas, según los niveles de consciencia de las almas participantes.

Desde nuestra experiencia cotidiana, esto puede parecer descabellado o incluso una imposibilidad lógica. Sin embargo, desde la perspectiva de un mundo simulado, la idea de múltiples líneas temporales extendiéndose desde múltiples pasados hacia múltiples futuros y dimensiones es plausible. La idea del multiverso es ahora bastante común en el mundo de la física. Se llama teoría del universo paralelo o del multiverso cuántico. Explica el fenómeno de la indeterminación cuántica. Esta interpretación de la mecánica cuántica sugiere que, cada vez que se realiza una medición cuántica, el universo se divide en un número casi infinito de universos paralelos, cada uno con una historia compartida diferente. Lo cual implica un mapa de los otros posibles estados del universo y las posibles líneas temporales interconectadas.

El autor de ciencia ficción y visionario Philip K. Dick escribió: «Vivimos en una realidad programada por ordenador, y la única pista que tenemos es cuando alguna variable cambia y se produce alguna alteración en nuestra realidad». Cuando puedes percibir —generalmente gracias a un profundo cuestionamiento y meditación durante años— que el mundo cotidiano es una ilusión, distingues con asombrosa claridad que no puede haber una realidad objetiva. En ese punto, concluyes que todo es cuestión de percepción. Entonces, el paradigma comúnmente aceptado se hace añicos en un millón de pedazos, el suelo bajo tus pies desaparece y tienes que hacerte responsable de ti mismo.

Venimos a esta simulación retadora llamada Tierra no para reprimir nuestros rasgos humanos, sino para experimentar completamente lo que significa vivir en un mundo dualista de baja vibración, y emerger de él enriquecidos y afinados. Nuestro objetivo no es simplemente seguir vivos, sino seguir siendo humanos. Solo cuando podamos ver a través de la falsedad de la separación y la obsesión por la supervivencia, e incorporemos en nosotros esa compasión que reconoce la unidad de toda la vida, seremos capaces de trascender esta dimensión para siempre. Una vez que se aprenden las lecciones, no necesitas repetir el curso intensivo. Una vez que te gradúas, estás listo para juegos más avanzados.

La mente analítica no es la que está a cargo de este proceso. Solo se puede lograr a través de experiencias directas o místicas, a menudo provocadas a través del corazón y la autorrealización interna. Percibes y sabes, al margen de si otros lo reconocen públicamente o no.

Te vas dando cuenta de que nuestra percepción está sesgada por lo que nos han enseñado que es verdad, y todo es bastante diferente de lo que parece ser. Desde pequeños, nos inculcan una serie de verdades y conceptos que forman la base de nuestro entendimiento del mundo; sin embargo, estas «verdades» a menudo limitan nuestra capacidad para ver más allá de lo establecido, confinándonos a una realidad predeterminada que aceptamos sin cuestionar.

Además, la idea de que «ver para creer» ha dominado durante mucho tiempo el enfoque occidental hacia el conocimiento y la percepción. Se nos enseña a confiar únicamente en lo que nuestros sentidos físicos pueden captar, relegando la intuición, la fe y la percepción no sensorial a un segundo plano, o incluso desestimándolas completamente como fuentes legítimas de conocimiento. Esta perspectiva, sin embargo, ignora una vasta dimensión de la experiencia humana: la capacidad de percibir más allá de lo tangible y lo inmediato.

En contraste, abrirnos a la posibilidad de que hay más en el universo de lo que nuestros sentidos pueden detectar y de lo confirmado por los científicos nos lleva a desbloquear experiencias y dimensiones antes inaccesibles para nosotros al permitirnos expandir nuestro espectro de herramientas para conocer el mundo, incluyendo aquellas que trascienden la racionalidad y los sentidos físicos.

Reconocer que nuestra percepción está moldeada —y a menudo limitada— por lo que se nos ha enseñado abre la puerta a una exploración más libre y profunda de la realidad.

A medida que vas fortaleciendo tu conexión con la Mente Universal, los pilares previamente sólidos que sostienen la simulación comienzan a debilitarse. Las sincronicidades y un mayor número de percepciones empiezan a acumularse, confirmando intuiciones y corazonadas. Comienzas a distinguir la voz de tu guía interna durante tus silencios. Las respuestas aparecen porque te atreves a hacer preguntas. La realidad física pierde su poder sobre ti, aunque tengas que mantenerlo en secreto porque la gran mayoría no tiene ni siquiera referencias sobre esta perspectiva tan diferente de lo comúnmente aceptado.

Los dramas y las reacciones que antes te sumían en una montaña rusa emocional empiezan a ser sustituidos por una actitud neutral, y puedes enfrentarte a cada situación con ecuanimidad. Las pasiones desenfrenadas y las compulsiones se domestican. La visión interna se convierte en el principal compás. Más y más piezas del rompecabezas universal cobran sentido. Ves este mundo como un teatro donde se te proporcionan entornos y circunstancias globales y personales para tu propia comprensión. Puedes entender que eres el personaje principal de tu obra. En lugar de enredarte en los detalles de la historia, te das cuenta de que es solo una construcción bien diseñada destinada a engañarte, con el fin de que te sumerjas plenamente en la obra. Por lo tanto, te ríes de tu propia miopía, perdonas a los otros jugadores que cumplían con sus roles para ayudar a desarrollarte y te conviertes en actor sin detener la obra. Entonces, el plan infinito brilla a través de las grietas del sufrimiento y la estupidez.

Con el tiempo, todos se darán cuenta de que elegimos esta situación nosotros mismos y de que tendremos los medios para seccionar los muros de la prisión. En algún momento nuestro Espíritu sintió que el avatar actual se beneficiaría enormemente de este curso intensivo en la dualidad. Es así como la aventura comenzó.

Todos necesitamos emprender este viaje en solitario para reconectar con el fundamento del Ser eterno.

CAPÍTULO 14

Gente sabia

> «Un héroe nace entre cien, un hombre sabio se encuentra entre mil, pero uno dotado (en sabiduría) no se encuentra ni entre cien mil hombres».
>
> **Platón**

La sabiduría es la cualidad que distingue a los grandes líderes del resto, que pueden ser buenos profesionales o incluso personas famosas. Según la investigación sobre el tema, entre las edades de veinticinco y setenta y cinco años, la correlación entre la edad y la sabiduría es nula. ¿Por qué? Porque la sabiduría no emerge de la experiencia misma, sino más bien de reflexionar profundamente sobre las lecciones obtenidas de la experiencia. Como hemos visto con anterioridad, la sabiduría solo está presente cuando dejamos ir nuestras obsesiones y ambiciones del ego. Como explicó el psicólogo Robert Sternberg: «La sabiduría y el egocentrismo son incompatibles… Las personas [sabias] han llegado a donde están teniendo en cuenta los intereses de otras personas». Estos seres especiales tienen una forma amorosa de estar en el mundo. Aunque es imposible juzgar realmente desde el exterior, ya que el comportamiento externo es menos importante que la motivación interna y la sinceridad de su intención. Lo que la persona siente dentro es mucho más crucial que lo que se muestra afuera.

Por supuesto, la sabiduría también requiere poder desafiar el *statu quo* cuando sea necesario, y renunciar a la aprobación externa (y en algunos casos arriesgarse al rechazo total), para cumplir un propósito en consonancia con los valores esenciales que nos permita utilizar de la mejor manera esta vida humana.

Los nuevos líderes de la sociedad actual deben ser sabios. Necesitan tocar emocionalmente a las personas a través de la «inspiración»: que se sientan conmovidas o cambiadas de una manera profunda. Pero también «físicamente», animándolas a actuar de manera diferente, y «mentalmente», generando nuevas ideas y estrategias sobre cómo vivir en nuestro mundo.

La buena noticia es que ya tenemos algunas personas con estas características. Están a la vanguardia liderando con el ejemplo, sin ningún deseo de tener seguidores o construir ningún marketing personal. Sin embargo, el resto de la humanidad requiere más modelos que seguir y visionarios como ellos para que les muestren la dirección hacia las etapas más elevadas. Es fundamental tener ejemplos que sean de nuestra propia cultura y tiempo, porque, aunque hay muchas personas que a lo largo de la historia han llevado una vida ejemplar y han dejado un legado crucial, los individuos de ahora necesitan ser capaces de relacionarse con los más sabios. Tienen que sentir que los sabios son como ellos y que, en un mundo contemporáneo y complejo, la posibilidad de alcanzar un alto nivel de desarrollo no solo es posible, sino además factible. De lo contrario, los descartarán como vetustos o demasiado diferentes, y no serán representantes válidos para ellos en esta época.

Por lo tanto, los individuos seleccionados a continuación son solo unos pocos modelos que pueden ser relevantes para las personas en Occidente. Aunque muy limitados en número, hay muchas otras personas anónimas que actualmente están enriqueciendo a la humanidad, lidiando con dificultades inmediatas sin perder de vista objetivos a largo plazo, individuos extremadamente conscientes que viven con altos estándares morales, capaces de hablar tanto a la mente como al corazón de la gente. Únicamente me gustaría mostrar que, si otros lo han hecho, todos podemos. Todos poseemos la semilla de la grandeza.

Simon Parkes

Descubrí a Simon Parkes durante la pandemia del covid. Fue una de las pocas personas que realmente sabía de lo que hablaba y fue lo suficientemente generoso como para exponerse, compartiendo su verdad, información privilegiada y una perspectiva espiritual sobre todo lo que ocurría en ese momento. Su actitud serena y su confianza inquebrantable inspiraron a muchas personas que estaban perdiendo la fe ante la avalancha de oscuridad y miedo en nuestro planeta.

Fundador de la organización humanitaria y espiritual Connecting Consciousness, encarna las características y valores de lo que creo que tendrán que ser los líderes en la Nueva Tierra. Se crió en un ambiente muy poco común; su abuelo había trabajado en el Servicio Secreto de Inteligencia Británico (MI6), y su madre, en la rama MI5 del mismo servicio de seguridad. Como debía ser extremadamente cuidadosa con las personas con las que se relacionaba, no tenía amigos ni novios, y tampoco se volvió a casar, pero proporcionó a Simon un sólido conjunto de valores y principios sobre los cuales basar su vida. Insistió en que Simon estuviera expuesto a buenos modelos a seguir y resultados positivos, incluso al ver la televisión. Por lo tanto, desde muy temprano le enseñó la importancia de ser leal, soberano y siempre procurar hacer lo correcto, a pesar de las consecuencias personales que eso pudiera conllevar.

Esto demostró ser una marca distintiva valiosa en su carrera como político en los años ochenta y noventa. Cuando fue político electo en Londres y luego en una zona rural, se enfrentó a numerosas dificultades al tratar de mejorar la vida de los ciudadanos. Descubrió de primera mano que hoy en día es muy difícil permanecer honesto e incorruptible si te involucras seriamente en la política. Por lo tanto, prefirió dejarlo y tratar de ayudar a otros de una manera más espiritual.

Como siempre tuvo una conexión excepcional con los reinos superiores, pudo percibir la vida desde una perspectiva más amplia. Estar tan conectado a las diferentes dimensiones donde nuestra consciencia habita también podría haberlo llevado a elegir un modo de vida monástico, bañándose en la dicha de tal bendición. Sin embargo, en lugar de convertirse en un gurú solitario sin necesidad de interactuar con los demás, tomó un camino desafiante, ayudando a otros y sirviendo de modelo, demostrando que se puede estar evolucionado e involucrado en la sociedad occidental. Esa es probablemente la lección más efectiva que uno puede impartir: enseñar con el ejemplo.

A diferencia de las habilidades psíquicas de la mayoría de las personas en una búsqueda espiritual, las suyas no aparecieron debido a su desarrollo espiritual. Nació con esos talentos debido a sus esfuerzos en vidas anteriores. Por lo tanto, su búsqueda interna tuvo más que ver con encontrar una manera de impactar positivamente en el mundo sin convertirse en un prisionero de este mundo dual. En otras palabras, buscó cómo mantener su independencia sin odiar el mundo abusivo en el que estamos. Creo que muchas personas que lean este libro pueden identificarse con este dilema: ¿cómo puedes evitar ser utilizado por el sistema, moldear el mundo que te rodea y no llenarte de ira contra las injusticias, el adoctrinamiento y el abuso de poder?

Después de dejar la política de alto nivel, se dedicó más a compartir enseñanzas de desarrollo espiritual. En 2015, personas muy influyentes se acercaron a él y le contaron ampliamente lo que vendría en el futuro de la humanidad, lo cual está sucediendo ahora. Entonces decidió construir un marco sólido que pudiera lidiar con los problemas a los que nos enfrentamos hoy en día. Así nació la organización Connecting Consciousness: sus objetivos son ir más allá de las necesidades materiales de las personas y proporcionar una comunidad de individuos conscientes que creen en la verdad, en la necesidad de ser soberanos y tomar sus propias elecciones bajo cualquier circunstancia, y en apoyarse mutuamente en el complejo camino de estar despierto en este mundo caótico. Esta organización voluntaria tiene miles de miembros en todo el mundo en más de cien países.

Liderar tal organización sin subvenciones, con la ayuda de su esposa, implica un gran nivel de dedicación. Simon no disfruta de la libertad y el tiempo para hacer mucho más que eso. Aun así, lo toma con gran ecuanimidad, ya que cree que esta es su vocación, lo que su alma lo preparó para llevar a cabo: priorizar su servicio a los demás, independientemente de las repercusiones en su comodidad y vida personal.

Durante la interesante conversación que tuve con Simon para preparar esta breve biografía, me quedó claro que es un Bodhisattva, una de esas personas heroicas y espirituales que personifican las virtudes de la sabiduría y la compasión. Un ser dedicado a beneficiar a otros, abriendo puertas para que la gente pueda cruzar el umbral, conectando y apoyando a los audaces pero solitarios que no desean ser engullidos por la Matrix, presentando y manifestando una visión de una Nueva Tierra donde los seres humanos viven para contribuir a la totalidad.

Bill Thetford

Bill fue profesor de Psicología Médica en la Universidad de Columbia en Nueva York, eminente en su campo y conocido por su investigación en la teoría de la personalidad. También participó en la transcripción original del insigne libro *Un curso de milagros* y fue un verdadero practicante de sus enseñanzas. Parece que su práctica del perdón, su amable presencia y su gran sentido del humor le llevaron a la realización final. Gracias a la maravillosa biografía que Carol Howe escribió sobre él, podemos tener más información sobre su camino. Aunque murió en 1988, su vida fue tan contemporánea que podemos considerarlo un ejemplo de lo que todos podemos lograr en esta vida, independientemente de nuestras circunstancias y responsabilidades personales.

Cuando era niño, perdió a sus hermanas y también enfermó gravemente de escarlatina, lo que además desencadenó una fiebre reumática y una afección cardíaca debilitante, por lo que tuvo que permanecer en la cama durante mucho tiempo. Esto le dio la oportunidad de aprender el arte de la aceptación a una edad temprana. Ya entonces, comenzó a explorar preguntas profundas como «¿quién soy yo?» y «¿cuál es el propósito de la vida?».

Bill se doctoró en Psicología y fue reclutado por la CIA. Debido a que su formación había consistido en trabajar con científicos de vanguardia, innovadores en ciencia y medicina, se había vuelto ampliamente reconocido y respetado en su campo. Gracias a ello fue contratado en 1951 como uno de los diez psicólogos sénior en ese momento. Sus deberes implicaban someter a varias pruebas a quienes solicitaban convertirse en oficiales de inteligencia y espías, y después entrevistarlos para recomendarlos o no. Solo se quedó en la CIA un par de años y luego cambió de rumbo. Terminó en la Universidad de Columbia, como jefe del programa de investigación psicológica y también como profesor asistente de Psicología en el Departamento de Psiquiatría. Las circunstancias allí en ese momento eran muy difíciles. Sus colegas se mostraban recelosos y hostiles, la atmósfera era caótica y la carga de trabajo, abrumadora. Bill probablemente contribuyó a los problemas proyectando sus propios juicios, temores, condicionamientos inconscientes y suposiciones no examinadas, como hacemos todos nosotros.

Como se dice en *Un curso de milagros*, «La tolerancia al dolor puede ser alta, pero no está exenta de límites. En algún momento todo el mundo comienza a reconocer, aunque sea de una forma sutil, que debe de haber una mejor manera de hacer las cosas». Estaba sufriendo tanto que algo tenía que cambiar. Se dijo a sí mismo: «Debe de haber una mejor manera, y estoy decidido a encontrarla». Supuso mucho esfuerzo por su parte al principio, pero al final tuvo éxito. Las tensiones disminuyeron y la enemistad se desvaneció. Ese fue el comienzo de acontecimientos importantes en su vida. Helen Schucman, su colega más cercana y también amiga, comenzó a transcribir *Un curso de milagros*, a través del dictado de una voz que ella escuchaba internamente e identificó como el Jesús histórico. Durante siete años Bill la ayudó a terminar y editar la obra y luego publicarla. Aunque él no había estado interesado en asuntos religiosos o espirituales antes de que comenzara el dictado de *Un curso de milagros*, reconoció la naturaleza universal del material y, como consecuencia, comenzó una investigación seria sobre las principales tradiciones y enseñanzas religiosas del mundo.

Su particular papel en sacar ese increíble libro al mundo no le dio un pase libre a la iluminación. A pesar de su brillantez intelectual y sus logros profesionales, su vida era bastante desastrosa. Entendió que para progresar tenía que aplicar lo que aparecía en el libro. Bill estaba decidido a sanar sus actitudes y trabajar en la disolución del ego, cambiar su mente constreñida por el miedo y la culpa para enfocarla al amor, y pasar del resentimiento a la bondad. Como todos nosotros, comenzó con una dedicación parcial, pero en lugar de descansar en sus laureles académicos, pensando que su trabajo quedaría concluido una vez que el libro fuera publicado, decidió alejarse de su papel de profesor respetado y hacer de la práctica del perdón su objetivo principal en la vida.

Renunció a su investigación sobre el ego, que consideraba su más importante contribución académica, y también se dio cuenta de que no podía quedarse en Columbia una vez que el libro se hiciera público, ya que era una situación potencialmente incómoda en su entorno profesional. Sin embargo, Bill nunca tuvo ningún deseo de ser el centro de atención, y siempre se retiró de la fama pública, incluso cuando *Un curso de milagros* se popularizó, evitando todo lo que le conllevase notoriedad relacionada con el mismo.

Por supuesto, tuvo que enfrentarse a sus temores al dejar el prestigio que suponía estar asociado con Columbia, la titularidad tan difícil de alcanzar y la seguridad financiera. Tomó la decisión de mudarse a California, y abandonó su vida, su carrera y la persona que había sido hasta entonces. Ese tiempo había concluido. Incluso renunció a todos los lazos con amigos y conocidos de muchos años, tanto profesionales como sociales, como si hiciera limpieza para afrontar el reto final de su vida: concentrarse plenamente en la práctica del perdón y dejar ir el ego. Aunque nadie entendía la intención de Bill, estaba siguiendo a su guía interior, dedicándose lo mejor que podía a su propia sanación, tratando de desenredar y eliminar todos los desechos mentales acumulados. Durante años había estado guardando rencor, aunque su naturaleza amable siempre estuvo presente, su luz aún brillaba y su ayuda estaba disponible indefectiblemente. Es tranquilizador saber que no tenemos que esperar hasta que estemos completamente sanados y realizados antes de decidir ser de ayuda. La clave es ser compasivo y abierto, y no juzgar, reconociendo que nuestro trabajo no es en absoluto corregir a los demás, sino amarlos como son.

Bill operaba desde un profundo sentido de integridad, que probablemente explica la sensación instantánea de seguridad que casi todo el mundo sentía a su alrededor. No daba importancia a los títulos, a la fama ni a nada por el estilo. Ni tampoco tenía necesidad de defenderse, impresionar, convencer o dominar. Aunque era extremadamente complejo, nunca hizo alarde de su brillantez intelectual. No obstante, realmente tenía una profunda comprensión universal de los seres humanos y de la forma en que crecemos y nos desarrollamos. A pesar de no haber resuelto todas sus dificultades psicológicas y espirituales, era alguien que se esforzó en tener una vida espiritual plena. Realmente deseaba renunciar a inflar su ego y sus defensas para tener razón, sentirse protegido o demostrar su valor, intentaba no tomarse las cosas personalmente y trataba de reconocer lo que importa de verdad y lo que no. A medida que su enfoque en el intelecto como fuente de poder y sabiduría disminuyó, su mente se volvió más tranquila. En un mundo como el nuestro, donde tan pocas personas realmente quieren dedicarse a liberar todas las ofensas y vivir sin resistencia, es un gran modelo de lo que podemos lograr cuando hacemos de nuestro desarrollo interior la prioridad número uno.

Bill fue un ejemplo de cómo podemos ser útiles sin ser opresivos, sin dar consejos no solicitados ni tratar de cambiar a los demás. Conmovió profundamente a otros porque su objetivo simplemente era ser consciente de su amor subyacente, y estaba decidido a dejar de juzgar. Nunca trató de imponer sus opiniones a nadie. Al ser una persona que irradiaba aceptación, la gente se sentía relajada, segura y amada en su presencia.

Al final de su vida logró derribar los límites psicológicos con los que se había definido durante tanto tiempo. Al hacerlo, se perdonó a sí mismo por todos los errores del pasado. Pasó de ser una persona constreñida, reservada y rígida a ser expansivo, fluido y flexible. Al hacerlo, voluntariamente se despojó de su armadura psicológica, de la consideración ajena, de los hábitos dañinos y de los prejuicios. Se convirtió en un maestro humilde e iluminado por su ser y por su gracia, bondad y amor. Cuando murió de un ataque al corazón, finalmente se liberó. Bill entendió que lo mejor que podemos hacer para ayudar al mundo es despertar nosotros mismos.

Jetsunma Tenzin Palmo

Se hizo famosa en todo el mundo gracias al libro *Una cueva en la nieve*, en el que narraba su búsqueda para lograr la realización en un cuerpo femenino. Ella dio un ejemplo sin precedentes al seguir los pasos de los yoguis tibetanos más aventajados, pasando doce años en retiro solitario en una cueva en Ladakh, en el Himalaya indio.

Nació en Londres. Desde niña estuvo interesada en temas espirituales y parecía inusualmente fascinada por Asia. Estudió cristianismo, judaísmo e hinduismo. Luego, obtuvo un buen trabajo como bibliotecaria. Cuando tenía dieciocho años, su madre y ella se retrasaron en un aeropuerto durante ocho horas. El único libro que tenía en esos momentos era uno de la biblioteca sobre el budismo. Allí mismo se dio cuenta de que era budista. A los veinte años, se embarcó en un viaje en carguero que duró dos semanas y la llevó a Bombay, y desde esa ciudad al norte de la India, donde encontró un puesto como profesora de inglés en una escuela para jóvenes lamas. Trabajó allí durante unos meses antes de conocer a su maestro. Tres semanas después de conocerlo, se convirtió en la segunda mujer occidental en ser ordenada en la tradición budista tibetana. Durante seis años, vivió en un monasterio como la única monja entre cien monjes. Podía ver la discriminación que restringía el acceso de las mujeres a las enseñanzas que se impartían libremente a los hombres.

En 1976, comenzó a vivir en una pequeña cueva en el Himalaya y permaneció allí durante doce años, a pesar de que la gente local trató de disuadirla y avisarla de que no era seguro para ella estar en ese lugar sola. La cueva que eligió era de difícil acceso y estaba situada a una altitud de 4 300 metros. Durante el retiro, cultivó un huerto para comer y continuó con la práctica espiritual intensa ininterrumpida y la meditación profunda. De acuerdo con las direcciones budistas para este tipo de retiro solitario, nunca se tumbaba y dormía en una caja de meditación de madera tradicional en una postura vertical meditativa. De vez en cuando iba al monasterio a escuchar enseñanzas, recoger comida y hablar con su lama. Pasó los veranos preparándose para los largos inviernos, durante los que estaba completamente aislada. Y, después de nueve años, decidió pasar los tres años siguientes en completo aislamiento. Sobrevivió a temperaturas por debajo de treinta y cinco grados bajo cero y a la nieve continua entre seis y ocho meses al año. Una vez se desató una gran ventisca durante siete días y noches, la nieve cubrió la puerta de la cueva y pensó que iba a morir dentro, pero no tenía ningún miedo. Dice que el retiro le ayudó a desarrollar confianza interna y que aprendió a lidiar con todo lo que sucedía.

Posteriormente se mudó a Italia un tiempo y finalmente decidió enseñar con el fin de recaudar fondos para construir un monasterio en la India, un lugar donde las mujeres pudieran estudiar y practicar, ya que las mujeres han sido espiritualmente pasadas por alto durante demasiado tiempo. En el año 2000, fundó ese monasterio, dando la oportunidad a monjas jóvenes de desarrollar su potencial intelectual y espiritual. En 2008, a Tenzin Palmo se le confirió el título de Jetsunma (reverenda dama) en reconocimiento a su crecimiento espiritual y a su labor de facilitar el acceso a las enseñanzas en el budismo tibetano para las mujeres.

Durante mi primera estancia en Dharamsala (India) hace muchos años, tuve la suerte de asistir a un par de conferencias suyas. Su coraje, profundidad y sabiduría supusieron una gran inspiración para mí. Tiene el tipo de presencia que toca tu corazón más allá de las palabras que pronuncia. Recuerdo su última frase, que la encarna tan bellamente: «De ahora en adelante, no hay nada que no puedas lograr en el cuerpo de una mujer». Muy prometedor en un mundo con una tan oscura historia de discriminación y subyugación de las mujeres.

Eckhart Tolle

Nació en Alemania. A los trece años se trasladó a España para vivir con su padre. Entre los trece y los veintidós no tuvo educación formal, ya que se negó a ir a la escuela. Sentía que era un ambiente hostil y que no quería formar parte de él. Su padre era una persona poco convencional y le permitió perseguir sus propios intereses particulares, como la literatura y los idiomas. Solo a los veintidós se empezó a interesar por asuntos intelectuales como la filosofía y la psicología. Reconoce no haber tenido una infancia feliz, ya que sus padres estaban en constante conflicto. Fue más feliz en España trabajando como guía turístico y profesor de idiomas durante un tiempo. Sin embargo, con veintinueve años, pasó por períodos recurrentes de depresión y ansiedad. Se las arregló para estudiar en la Universidad de Londres, e ir a Cambridge para hacer investigación como estudiante de posgrado con una beca. Pero admite que la motivación detrás de su logro académico era el miedo y la infelicidad.

Poco después de cumplir los veintinueve, una noche se sintió con tanta desesperación que le era casi insoportable. Pensó que ya no podía vivir consigo mismo. En ese momento, comenzó a cuestionar quién era ese yo con el que no podía vivir y quién era él realmente. Se dio cuenta de que había dos yoes. Había uno miserable con el que se identificaba completamente, y también algo más profundo. Podía ver claramente el Ser eterno o la Consciencia pura antes de la identificación con la forma. En ese momento, hubo un último atisbo de miedo intenso mientras sentía que perdía el yo y era succionado en un vacío interno. Decidió no resistirse, y así el miedo desapareció. A la mañana siguiente, se despertó en un estado de total paz interior y dicha, algo que nunca había experimentado en toda su vida. Después dice que sus pensamientos se redujeron en más de un 80 por ciento, por lo que pasaba gran parte de su tiempo caminando en un estado de quietud interior. En consecuencia, comenzó a perder interés en la investigación y abandonó la academia. Estuvo a la deriva durante un par de años, en los que se quedó a vivir con amigos u ocasionalmente en un monasterio budista, sentado en bancos de parques la mayor parte del tiempo. Le llevó diez años entender plenamente lo que esta transformación significaba y poder traducirla a enseñanzas espirituales.

Aunque la publicación de su primer libro, *El poder de ahora*, en 1999 comenzó muy modestamente, tras ser recomendado por Oprah Winfrey en su programa de televisión, se convirtió en un *best seller* del *New York Times* y en un éxito internacional durante años, pues fue traducido a treinta y tres idiomas. Más tarde, Oprah organizó un seminario de diez semanas en televisión con él, en el que comentaban un capítulo de su libro *Una nueva tierra* cada semana, y que fue visto por once millones de personas. Algo muy difícil de imaginar con un libro y un mensaje espirituales. A pesar de su enorme éxito y reconocimiento, sigue siendo una persona sencilla, sin ningún rastro de pretensión y sin planes de construir un imperio comercial a partir de sus enseñanzas.

Su filosofía explica con gran sencillez cómo superar el sentimiento de separación, el significado de la rendición, cómo evitar el sufrimiento y cómo separarse de los pensamientos viviendo en el ahora. En sus propias palabras: «La felicidad se logra cuando eres Uno con la vida. Ser uno con la vida es ser uno con el ahora. Entonces te das cuenta de que no vives tu vida, que la vida te vive a ti. La vida es la bailarina, y tú eres el baile».

Tiene el increíble don de hacer que la gente se dé cuenta de que en medio de los acontecimientos ordinarios del día podemos mantenernos en contacto con la fuente más profunda de nuestro ser. Asegura que la cita más famosa de Descartes —«Pienso, luego existo»—, que representa uno de los fundamentos del pensamiento occidental, es completamente errónea. Al estar inmersos en una sociedad tan racional y tan volcada al hemisferio izquierdo, nos resulta muy difícil cuestionar que el pensamiento no sea el núcleo de quienes somos ni contemplar que podamos ser en su lugar una presencia sin forma más allá del tiempo.

Cuando asistí a un retiro intensivo de enseñanzas con él en un lugar bucólico del norte del estado de Nueva York, pude confirmar que, independientemente de su timidez y falta de carisma exuberante, tiene una presencia de paz que llena el lugar en el que se encuentra. Se puede decir que es uno de esos individuos sabios que tiene la virtud de impactar positivamente a millones de personas. Es un místico moderno, una persona continuamente arraigada en el presente, en un estado de conexión y quietud interior.

Matthieu Ricard

Nació en Francia. Su padre era un renombrado filósofo francés y su madre era pintora, y él creció en los círculos intelectuales y artísticos parisinos. Cuando tenía veinte años, después de haber visto algunos documentales sobre grandes maestros espirituales en India, viajó allá. Los encuentros con ellos le dejaron una impresión imborrable. Durante unos años siguió yendo y viniendo, pero, siguiendo el consejo de su maestro, no dejó sus estudios de inmediato. Solo después de obtener un doctorado en biología molecular en el prestigioso Instituto Pasteur de París, Ricard se trasladó a Darjeeling para estudiar con su maestro tibetano y se convirtió en monje. Le gusta mencionar que conoció a personas extraordinarias en su juventud (como Igor Stravinsky y Luis Buñuel), todos conocidos por sus logros, pero que no mostraban una excelencia similar en el lado humano. No fue hasta que conoció a lamas tibetanos cuando pudo encontrar una verdadera fuente de inspiración y a seres humanos ejemplares.

Matthieu también es escritor y fotógrafo. El diálogo con su padre (Jean-François Revel) *El monje y el filósofo* fue un *best seller* en Europa y fue traducido a veintiún idiomas. A veces se le invita a hablar en eventos internacionales donde exhorta a los líderes a ser más bondadosos y a considerar recurrir a otro tipo de economía, en la que el mundo financiero pueda estar al servicio de la sociedad y no al contrario. Advierte incansablemente de la necesidad de no sacrificar ciegamente el mundo que entregamos a nuestros hijos en favor de nuestras ansias y deseos egoístas a corto plazo. Dondequiera que vaya, insiste en promover el altruismo a través de la educación, de instituciones que respeten los derechos de cada individuo y mediante sistemas políticos y económicos que permitan a todos florecer sin sacrificar el bien de las generaciones futuras.

Posee muy poco. Vive seis meses en Nepal, algunas temporadas en su monasterio cerca de Katmandú, y otras haciendo un retiro de dos o tres meses cada invierno en una pequeña ermita sin calefacción. Pasa mucho tiempo viajando por todo el mundo, abogando por la cooperación, el altruismo y la necesidad de transformarnos para servir mejor a los demás. También dirige una pequeña ONG humanitaria, a la que dona todos los ingresos de las ventas de sus libros y conferencias. Además de todo eso, contribuye activamente a la investigación sobre el efecto de la meditación en el cerebro en varias universidades de Estados Unidos y Europa, y es coautor de publicaciones científicas sobre estos temas.

Después de que Ricard participara en un estudio cerebral sobre la meditación y la compasión en la Universidad de Wisconsin, los investigadores comprobaron que sus ondas cerebrales y actividad estaban fuera de los estándares de felicidad reconocidos, por lo que los medios de comunicación lo bautizaron como «el hombre más feliz del mundo». Después de la repentina fama, se sintió dividido entre llevar una vida de reclusión o convertirse en una estrella budista. Un día le preguntó al dalái lama (para quien traduce al francés en sus apariciones públicas en países de habla francesa) si podía recluirse en un retiro prolongado, anhelando una desaparición del ojo público. Pero Su Santidad le aseguró que aún no era el momento: «El mundo está sufriendo, y lo que tú puedes hacer y es más necesario llevar a cabo en este momento es tratar de comunicar una cura».

En cierto modo, Ricard se ha convertido en un gran intérprete del budismo para los occidentales, pero sin comprometer el núcleo de la filosofía y siendo directo sobre las raíces de nuestra miseria:

> «Una vez que desmantelemos nuestros egos, realmente podríamos empezar a ver el mundo como un lugar habitado por otras personas, algunas de las cuales podrían necesitar nuestra

ayuda. Esta disolución se convierte entonces en todopoderosa... Nuestro apego al ego está fundamentalmente ligado al sufrimiento que sentimos y al sufrimiento que infligimos a los demás. La libertad es lo opuesto».

Conocí a Matthieu hace muchos años, cuando estuve viviendo seis meses en Nepal concentrada en escribir mi primer libro publicado, *Cuando sea feliz*, y para llevar a cabo algunos retiros de meditación. Me quedé la mayor parte del tiempo viviendo en su monasterio de Shechen. Nunca olvidaré la mezcla de benevolencia y firmeza que exudaba. Es un modelo de sabiduría, así como una encarnación de la verdadera felicidad.

Byron Katie

Nació en Texas, y se crio en una pequeña ciudad desértica de California durante los años posteriores a la Segunda Guerra Mundial. Se convirtió en una adolescente competitiva que buscaba ser la mejor en todo lo que hacía. Se casó a los diecinueve años, y tuvo tres hijos poco después. Cuando tuvo dificultades en su matrimonio, como era una perfeccionista nata, se culpó a sí misma y se centró en conseguir éxito material para compensarlo. Ella y su marido invirtieron en bienes raíces, y en la década de 1970 Katie se convirtió en millonaria. Sin embargo, sentía que no era suficiente, que no le era en absoluto satisfactorio. Su obsesión por ser feliz a través del dinero y el poder solo le trajo una creciente frustración y rabia. Esto comenzó a crear tensión en la relación con sus hijos y su marido, una tensión que terminó en divorcio. Luego se casó de nuevo, y durante un tiempo esta nueva relación amorosa la hizo sentir mejor. Pero no duró; su vida no tenía sentido. Trató en vano de calmar su oscuridad y miseria con la comida, el alcohol, el tabaco y el esfuerzo constante. Llegó a pasar semanas sin ducharse, sin cambiarse de ropa y sin lavarse los dientes. Durante casi diez años, sufrió una depresión crónica, sin poder siquiera salir de su habitación durante dos años, sopesando la idea del suicidio como su única manera de liberarse de la desesperación. Solía dormir con una pistola debajo de la almohada. Terminó siendo tan agorafóbica y paranoica que su marido la envió a un hogar para que recibiera un cuidado especial. Allí las otras mujeres la temían tanto que la instalaron en un ático. Tenía tan baja autoestima y sentía tanto odio hacia sí misma que dormía en el suelo, ya que no creía merecer una cama.

A los cuarenta y tres años, experimentó un increíble momento de claridad que transformó su vida mientras dormía en el suelo y una cucaracha se le subió al pie. En ese momento, se dio cuenta de que ningún pensamiento era verdadero, por lo que el mundo que el yo interpreta no es real. Estaba imaginándolo todo. Pasó por un cambio mental total, tras el que dejó de identificarse con el yo anterior. Se convirtió en una persona diferente.

Durante siete años, tuvo que asentar su comprensión para sostener ese nuevo yo, ya que no podía expresarlo con palabras. Se sentía desbordada de amor incondicional. Con el tiempo, los pensamientos regresaron, al igual que los juicios, los temores y las expectativas. Cuando eso ocurrió, pudo verse a sí misma cayendo de la libertad del despertar a la mente del sufrimiento. Pero aprendió a empezar a cuestionar sus pensamientos y así es como su mundo cambió, permitiéndole apreciar el universo como algo amable y generoso, y percatándose de que lo que mantiene la mente ocupada es tratar de probar que el universo es hostil. Encontró la libertad al ponerse de acuerdo con la vida, sin ofrecer ninguna resistencia, y sus claves para poner fin a la separación fueron «querer lo que tienes y amar lo que es».

Desarrolló «El Trabajo», un método simple de autoinvestigación y aprendizaje para ser responsable de la propia felicidad, permitiendo también que los demás se hagan responsables de la suya. Ella cree —y por la forma en que ha ayudado a tanta gente parece funcionar— que tenemos que cuestionar nuestros pensamientos para romper su hechizo y poder despertar. Está convencida (y lo ha demostrado) en sus talleres y libros de que:

> «Si tus creencias son estresantes y las cuestionas, llegas a ver que no son verdaderas, mientras que, antes de cuestionarlas, las crees absolutamente. ¿Cómo puedes vivir con alegría cuando te crees tus pensamientos de tristeza, frustración, ira, alienación y soledad? Cuando te crees esos pensamientos, piensas que el mundo te está haciendo infeliz. Pero son tus pensamientos sobre el mundo los que te están haciendo desdichado».

Ahora vive en un estado de gracia y afirma que el mundo en el que vivimos es cien por cien nuestra propia responsabilidad personal. Es una mujer que emana alegría y vive en una continua rendición a la vida tal y como surge en el momento presente.

CAPÍTULO 15

Por dónde empezar

> «La apertura espiritual no es un retiro a algún reino imaginado o a una cueva segura. No es un alejamiento, sino tocar toda la experiencia de la vida con sabiduría y con un corazón bondadoso, sin separación».
>
> JACK KORNFIELD

Nos encarnamos en la tierra teniendo que jugar el juego de la existencia con reglas desconocidas. Poco a poco comenzamos a construir un mapa mental y una visión del mundo que nos ayudará a viajar y entender nuestra sociedad y nuestra cultura. Los sabios también tienen que pasar por esto. La diferencia con el resto de nosotros es que sus mapas son más completos, y son conscientes de que todos los sistemas de pensamiento, todas las explicaciones y todas las perspectivas son pistas que llevan hacia la verdad y que han sido inventados por los hombres. Por lo tanto, son incompletos y aproximados. Y, como lo saben, no se apegan a sus puntos de vista actuales; están dispuestos a modificarlos a medida que avanzan.

Dicho esto, el camino hacia la sabiduría debe comenzar en algún lugar, y a menudo la gente tiene dificultad para averiguar lo que realmente funciona y lo que es una total pérdida de tiempo. Especialmente hoy en día, cuando tenemos una sobredosis de información, una cantidad abrumadora de opciones y poco discernimiento sobre qué elegir.

Comenzar un viaje espiritual no implica vender tus pertenencias, romper la relación en la que estás o dejar tu trabajo. Tampoco significa que debas meterte en una religión o irte a vivir a un ashram en la India. La mayoría de las personas comienzan con la comprensión de que han seguido las señales recibidas por la sociedad, han logrado metas y, sin embargo, no sienten la satisfacción que esperaban. Otros se enfrentan a una enorme crisis que no pueden resolver ni superar de la misma manera en que solían hacerlo, por lo que comienzan a buscar en otro lugar. Algunas personas se dan cuenta de que no pueden saciar su sed con lo que les presenta su entorno. Otros siguen haciéndose preguntas profundas para las que la sociedad no ofrece respuestas satisfactorias... En todos los casos, uno se da cuenta de que hay cosas que deben revelarse justo más allá del velo de la realidad anterior. Pero la persona no sabe cómo empezar a desentrañar la red en la que está enredada. En cualquier caso, se necesita mucho esfuerzo y compromiso con el trabajo interno. La falta de esfuerzo siempre genera falta de sentido, por lo que no nos vamos a desarrollar mucho si no avanzamos proactivamente.

Aquí vamos a incluir lo que podríamos llamar métodos de superación personal, utilizando el término en un sentido muy amplio, pasando de la psicoterapia al voluntariado y a sumergirnos en prácticas contemplativas, con el objetivo de encontrar nuestra esencia, mayor consciencia y potencial. Además de lo que ya hemos estado hablando, aquí dejaremos algunas pautas que pueden proporcionar dirección para iniciar nuestro propio camino de crecimiento.

1. Psicoterapia y trabajo con el cuerpo

Todos tenemos algún nivel de enfermedad que necesita sanación, ya sea en el cuerpo, en la mente, en el campo emocional o en el energético. Lo admitamos o no, las experiencias nos dejan heridas. Si no las cicatrizamos, nos vemos obligados a seguir sufriendo de maneras obvias y misteriosas: situaciones que siguen apareciendo en nuestras vidas, todo tipo de neurosis, diferentes tipos de enfermedades psicosomáticas, comportamientos autosaboteadores, relaciones tóxicas y dañinas en las que nos encontramos, fijaciones pasadas que no somos capaces de superar, temores que no podemos afrontar y que nos paralizan... Por lo tanto, es aconsejable tener en cuenta dolencias pasadas, patrones generalizados, problemas crónicos, desechos mentales, falsas creencias que hemos estado alimentando y sentimientos recurrentes que nos siguen arrastrando. En algún momento de nuestra vida es necesario que nos abramos a explorar el pasado y su impacto en nuestro presente con el fin de resolver los problemas subyacentes que representan verdaderos obstáculos para nuestro progreso. Esto debe ser abordado en nuestra mente y en nuestro cuerpo, ya que ambos están íntimamente conectados.

Todos necesitamos algún tipo de apoyo psicoterapéutico, curación holística que incluya el cuerpo y orientación en el proceso de esclarecer patrones disfuncionales para permitir la expansión y acercarnos a la esencia resplandeciente. Hay muchos aspectos de nosotros mismos que han sido relegados a nuestro subconsciente porque eran demasiado dolorosos para lidiar con ellos en ese momento. Hay heridas que nunca pudimos sanar, aunque es posible que ya nos hayamos olvidado de ellas. Puede haber vergüenza, culpa o miedos que nos siguen atormentando porque están enterrados en «nuestra sombra», como solía llamarlo Carl Jung. Nos están dañando hoy porque no fuimos incapaces de integrarlos en nuestra personalidad y en nuestra vida de una manera saludable. Muy a menudo, requerimos ayuda externa y experiencia para que actúen como espejo de lo que ya no podemos ver. Un terapeuta capacitado puede ayudarnos a desenredar nuestros nudos, poner en orden nuestro enredo psicológico, restaurar nuestra salud, equilibrar la energía e infundirnos el valor de enfrentarnos a lo que hemos estado tratando de evitar durante demasiado tiempo y sin resultados positivos. La evasión nunca es la solución. A menos que desenterremos y limpiemos nuestros recuerdos pasados, liberemos el dolor y los temores almacenados en nosotros, y sigamos trabajando en nuestros defectos y debilidades, nuestro camino de evolución hacia etapas superiores se verá seriamente amenazado.

También es muy útil trabajar en el desmantelamiento de nuestra estructura de personalidad defensiva de manera gradual, a través de la investigación psicológica y la terapia. Al explorar, comprender y disolver todas las falsas imágenes que tenemos de nosotros mismos, borramos nuestras sombras y nos enfrentamos a las proyecciones distorsionadas y los puntos ciegos. Es así como podemos asegurarnos de que la base sea firme, en lugar de tenerla embarrada y que nos lleve a hundirnos cuando creíamos que estábamos llegando a cualquier cumbre. Es absolutamente necesario trabajar en ti mismo antes de encaminarte a ayudar a otros o al planeta.

2. Profundizar en el conocimiento interno

El desarrollo interno es crucial para la sabiduría. Se trata de intentar entender quién eres realmente, explorar tu identidad, continuar una investigación sobre ti mismo. Solo aquellos que creen que es posible crecer más allá de la independencia psicológica de la edad adulta continúan expandiendo su conocimiento para acercarse a una «mente autotransformadora», como le gusta llamarlo a Robert Kegan. El imperativo de Sócrates fue «conócete a ti mismo». El autoconocimiento es algo más que el autoexamen intelectual; exige indagar en tus sentimientos. Cuanta más atención prestes a tus emociones y a los recovecos de tu mente, mejor entenderás por qué haces las cosas que haces. Cuanto más sepas sobre tus propios hábitos, más fácil será mejorar esos hábitos. Tenemos que preguntarnos: ¿quién soy yo? ¿En quién quiero convertirme? ¿Dónde estoy? ¿Adónde quiero ir en esta vida? ¿Soy consciente de las diferentes dimensiones de mí mismo? ¿Qué me impide progresar? ¿Por qué mi vida es como es? ¿Por qué tomo decisiones que me dañan? ¿Por qué me siento atrapado? Todas las preguntas que podamos tener sobre la vida surgen de esta pregunta fundamental: ¿quién soy yo? Por supuesto, esta no es una respuesta estable, ya que cambia con el tiempo y con el aumento de consciencia. Pero, ciertamente, el examen de uno mismo es un primer paso que debería empujarnos a cuestionar cada aspecto de nuestro enfoque, incluyendo nuestra metodología, sesgos y suposiciones profundamente arraigadas. La reflexión es la clave para crear un cambio real y profundo dentro de nosotros mismos. Sin suficiente consciencia, los intentos de cambiarnos a nosotros mismos imponiéndonos un comportamiento diferente no pueden sostener resultados duraderos. Conocernos profundamente afecta directamente los resultados de nuestra vida y nuestra capacidad de responder a las circunstancias de la vida con valor, lucidez y determinación.

Esta introspección con matices psicológicos requiere que desafiemos honestamente nuestras creencias y reunamos el valor de actuar sobre esa información, lo que puede conducirnos a nuevas formas de pensar sobre nuestra vida y objetivos. Tenemos que incluir una perspectiva más amplia sobre nuestras relaciones y valores, sobre cómo empleamos nuestro tiempo y recursos, y cómo respondemos a otras personas y ante diferentes situaciones. Tenemos que revisar nuestra motivación, comportamiento y objetivos regularmente, si tenemos la intención de avanzar en nuestro desarrollo interno. No se trata de obsesionarnos con nosotros mismos ni de dar mil vueltas a las cosas, sino de saber quiénes somos ahora para ser capaces de llegar a ser lo que podemos ser. Y ese conocimiento debe ayudarnos a tomar las riendas de nuestra vida en todo momento.

Reconoceremos que no somos perfectos, ni tampoco una versión terminada de quienes podemos llegar a ser, pero nos apoyaremos en todo tipo de circunstancias, mostrando autocompasión en lugar de criticarnos duramente. La aprobación de fuentes externas puede resultar alentadora, pero es absolutamente vital que nos aprobemos nosotros tal como somos ahora; la aprobación de uno mismo no puede estar supeditada a ningún tipo de logro. Cada uno de nosotros es una obra inacabada. Y, al mismo tiempo, somos totalmente valiosos en este momento. Así es como nos empoderamos. Sin esta confianza, todo avance se verá frustrado por la falta de autoestima que nos hará depender de la admiración y aceptación de los demás.

3. Exponernos a una variedad de experiencias de vida

Las investigaciones han demostrado que ciertas condiciones pueden facilitar la sabiduría, como por ejemplo los desafíos vitales estresantes, ya que nos fuerzan a cambiar, lo que resulta en una mayor tolerancia a la incertidumbre, menor tendencia a la proyección, mayor resiliencia y humildad, y menos egocentrismo. Las experiencias positivas también pueden facilitar la sabiduría al fomentar la integración y la coherencia con nuestros valores. Ser capaces de pasar por muchos cambios abre muchas puertas y permite muchos comienzos, dándonos la oportunidad de desarrollar paciencia y flexibilidad. Como dijo Stephen Covey: «Así como desarrollamos nuestros músculos físicos superando fuerzas opuestas —como levantar pesas—, desarrollamos nuestros músculos de carácter superando desafíos y adversidades».

La verdad es que de lo que más aprendemos es de los desafíos que ponen a prueba nuestros límites, resistencia y conciencia a todos los niveles. Cuando estas experiencias llegan, nos desequilibran y pueden conducir a una reflexión y una búsqueda útiles. También pueden ayudarnos a identificar algunos obstáculos o debilidades dentro de nosotros. Si podemos convertir los obstáculos en oportunidades de aprendizaje, podremos contar con mayores posibilidades de seguir creciendo en lugar de buscar el cómodo rincón que nos hace sentir en control.

Viajar extensamente y estar en contacto con otras culturas amplía nuestros puntos de vista a medida que nos damos cuenta de que nuestra perspectiva y creencias no son las únicas ni necesariamente las mejores. Nos damos cuenta de que muchas opiniones que apreciamos simplemente se forman a través de los medios de comunicación o las creencias de otras personas que hemos tomado como verdades. Viajar puede hacer que te cuestiones muchas de ellas, y, además, te permite aprender sobre ti mismo. Estar expuesto a sorpresas y a lo inesperado cuando sales de casa te obliga a trabajar en tu flexibilidad y a mantener una mentalidad abierta, especialmente si vas a países extranjeros. Esto es improbable que suceda si nunca abandonas tu rutina y la red segura de personas que son similares a ti.

Además, tendemos a dar por sentadas nuestras bendiciones y por lo general no nos damos cuenta de que muchas personas en este planeta nunca tendrán o disfrutarán de muchas cosas que consideramos normales. Ir a lugares más pobres nos ayuda a poner nuestra vida en perspectiva y nos permite reconocer la importancia de lo básico y ser más agradecidos.

Por supuesto, viajar solo puede multiplicar los beneficios antes mencionados, ya que estás obligado a mezclarte más con los lugareños y con nuevos compañeros de viaje, y careces de un guía que te lleve de la mano o de un grupo en el que apoyarte. Te obliga a desarrollar algunas habilidades como la confianza, la comunicación, la curiosidad, la fortaleza, etc. Expandes tu tolerancia al riesgo, tienes que sentirte a gusto contigo mismo y cómodo con largos períodos de silencio, exploras tu mente, aumentas el nivel de atención, debes enfrentarte a dificultades con confianza... Puede ser una experiencia transformadora en sí misma.

4. Estudiar enseñanzas inspiradoras y sagradas

Es muy fácil permanecer absortos en la rutina de la vida cotidiana, preocupándonos solo por la logística de la vida y las acciones repetitivas que debemos llevar a cabo cada día, y por responder a las muchas responsabilidades materiales que recaen sobre nuestros hombros. No nos deja tiempo ni espacio para nuestro desarrollo interno, que es la tarea más importante de todas. Afortunadamente, vivimos en una era con muchos recursos que pueden guiarnos en el camino. El estudio regular de libros y textos inspiradores puede ser un buen recordatorio, ayudándonos a fomentar nuestra práctica espiritual y facilitando nuestro avance. Se puede hacer con el apoyo de un grupo (generalmente más necesario para los extrovertidos) o solo (la opción preferida para los introvertidos).

Para poder progresar en un camino espiritual, es crucial persistir conscientemente en el trabajo en uno mismo. En el mundo en el que vivimos hoy, lleno de distracciones inútiles e interminables listas de tareas pendientes, es natural desviarse a pesar de todas las buenas intenciones que podamos tener. No estamos hablando de estudiar la tradición, los dogmas o las escrituras religiosas aceptadas, sino más bien de trabajar con libros espirituales o sagrados que nos lleven a cultivar ideales y cualidades superiores con los que todos nacemos. Si estas semillas de luz no son alimentadas, regadas y cuidadas regularmente, nunca crecerán en el árbol de la virtud y la iluminación que estamos llamados a llegar a ser.

Por lo tanto, es crucial reservar tiempo para leer y estudiar enseñanzas que puedan ayudarnos a comprender la profundidad y la verdad que se ha enseñado a la humanidad desde los tiempos más antiguos. De acuerdo con nuestra situación personal y nivel de comprensión, podemos adaptar los textos inspiradores que leemos a cada etapa. También debemos hacer planes específicos para poner en práctica lo que comprendemos, y de vez en cuando revisar si estamos experimentando signos de avance. Es inútil anclarse en la teoría, totalmente enredado en conceptos, arriesgándonos a perdernos en la filosofía teológica y en discusiones que no conducen al desarrollo de cualidades del corazón. El filósofo Sri Shankaracharya lo expresaba así: «La red de palabras es un gran bosque que hace que la mente vague y cree confusión». No olvidemos entonces que el conocimiento debe conducir a la sabiduría a través de la práctica y la integración de la experiencia.

5. Voluntariado

Trabajar altruistamente para los demás, aportar a la comunidad, ayudar a los oprimidos, intercambiar nuestro lugar con otros menos afortunados, echar una mano a las personas enfermas, solitarias u olvidadas del mundo, son todos enfoques muy válidos para poder sentir, a través de la propia experiencia, cómo se sienten los demás, ya que literalmente caminas —aunque solo sea un corto período de tiempo— en los zapatos de otras personas. Ya no es una historia que hayas escuchado, un documental en televisión o una creencia de otro.

Es algo que experimentas por ti mismo y, por tanto, algo que permanece contigo para siempre.

El voluntariado nos permite salir de nuestra burbuja, de nuestras pequeñas preocupaciones, de la tendencia a quejarnos, del entorno conocido y de los puntos de vista habituales. Nos proporciona la inestimable oportunidad de experimentar la vida de otras personas de primera mano y practicar entregándonos a otros que no están vinculados a nosotros por lazos de sangre o amistad y que no pueden devolvernos nada. Es una gran manera de empezar a cultivar el amor incondicional por todos los seres vivos y de sentir realmente que no importa cuán lejos estén ni cuán diferentes y cuán pobres sean los demás, son seres humanos como nosotros. Debo admitir que yo solo comencé a sentir profundamente la pertenencia a la familia humana después de ser voluntaria en un orfanato y en una escuela en África, cuando compartí parte de mi tiempo con pacientes a los que nadie visitaba en un hospital y con niños muy enfermos de cáncer, cuando viví en una casa de campo con una familia tailandesa, cuando la tribu filipina aeta me acogió por unos días en su remoto pueblo, cuando dormí en la chabola de una prostituta en el sudeste asiático... Antes de eso, sabía que todos estábamos interrelacionados, pero era más un concepto teórico que una realidad permanentemente arraigada en mí.

En efecto, estoy convencida de que resulta crucial para aumentar nuestro sentido de la justicia y sentirnos concernidos por el destino de otras personas. Nos hace más respetuosos con el trabajo, la condición y el destino de los demás. Nos vuelve más humildes y compasivos, porque realmente conocemos lo que es sufrir más de lo que podríamos haber imaginado antes. Contribuir también nos ayuda a superar la sensación de desesperanza y desencanto con el mundo. En última instancia, nos permite sentir la unidad de todos los seres humanos en este planeta, que es la base del mayor desarrollo de la consciencia.

6. Desarrollar la integridad

Eleanor Roosevelt solía decir: «Como se expresa mejor la filosofía propia no es a través de las palabras, sino con las decisiones que uno toma… y esas decisiones son en última instancia nuestra responsabilidad». Hay un momento en el camino de todos en el que uno se da cuenta de que el ego tiene que entregar su voluntad y ambiciones al bien común. En ese instante, la motivación cambia. La persona se da cuenta de la necesidad de llevar una vida ética con mayor autodisciplina, un conflicto emocional mínimo y una compasión que incluya a todos los seres vivos. Es un pasaporte necesario para viajar a reinos superiores.

Ralph Waldo Emerson escribió: «Siembra un pensamiento y cosecharás un acto; siembra un acto y cosecharás un hábito; siembra un hábito y cosecharás un carácter; siembra un carácter y cosecharás un destino». La base de un buen carácter es una mente virtuosa. La virtud no consiste en resistirse al mal, sino en ni siquiera quererlo. La integridad viene cuando la mente y el corazón están alineados. Por lo tanto, no es solo un comportamiento externo, sino principalmente una decisión sólida para permanecer fiel a ti mismo y a los principios éticos en los que crees y son beneficiosos para todos.

Una de las cosas más difíciles es permanecer ecuánime, sin que te afecten ni la crítica ni los elogios, ya que la gente no puede conocerte como realmente eres. Vivimos en un mundo muy complicado con muchas trampas para hacernos caer en estados más bajos de consciencia que en algún momento nos llevan a extender el sufrimiento que estamos tratando de evitar. Se necesita un carácter fuerte y un gran compromiso para llevar a cabo solo acciones íntegras, ver a través de las seducciones que engatusan al ego y actuar desde un lugar de disciplina interior, honestidad, lucidez y serenidad.

La integridad nos ayuda a tomar las medidas adecuadas y a veces ninguna acción en absoluto. Requiere una verdadera fuerza de voluntad y de carácter en la que generalmente tenemos que trabajar. Significa que, de alguna manera, te has identificado con el más alto nivel de necesidades o deseos en la jerarquía, sin engañarte a ti mismo cuando están en conflicto con otros deseos o cuando el ego anhela gratificación inmediata en forma de discusión, cediendo a la agresión o tratando de conseguir algo aun sabiendo que puede dañar a otro. La integridad consiste en un buen juicio sobre lo que vale la pena hacer, la disposición de llevar la justicia a la acción y la responsabilidad de los principios éticos, incluso cuando no es la opción más fácil.

No se pueden abrir las puertas de la paz interior y de las experiencias espirituales sin haber construido primero una base sólida de bondad y valores morales. Las tentaciones y pruebas abundan a lo largo del sendero, y es imperativo tener muy claras las líneas de intención y comportamiento, para no inclinarnos hacia la manipulación o la corrupción según cómo sople el viento. La impecabilidad y la integridad interior deben estar por encima de cualquier circunstancia, independientemente de un entorno cambiante, de la posible presión de otros o de los miedos sutiles. Tener integridad significa que seguiremos adelante con nuestro compromiso con la bondad y la ética pase lo que pase.

7. Ir más allá del egocentrismo

La mayoría de las personas viven toda su vida centradas en sus preocupaciones inmediatas: los logros del ego y cómo las situaciones y otras personas pueden ser útiles para uno o bien una amenaza. No pueden contemplar la interconexión de todas las cosas, las perspectivas complementarias, las consecuencias a largo plazo de sus acciones o la importancia de beneficiar a los demás.

Las principales tradiciones espirituales afirman que el ego es el mayor obstáculo para nuestra evolución superior, personal y culturalmente. Es curioso darse cuenta de que lo que se considera exitoso en nuestra sociedad es lo que estas tradiciones consideran muy destructivo para el alma en evolución: la codicia, la lujuria y la vanidad. En ese sentido, es bastante difícil ir contra la marea de nuestra cultura. Nada a nuestro alrededor apoya la noción de unidad y la necesidad de disolver el ego para nadar en el océano de unidad. Vivimos en un nivel tan superficial y limitado de experiencia sensorial que olvidamos que nuestra esencia del ser está profundamente escondida en el interior. Sin embargo, para progresar en nuestro camino espiritual, debemos salir de la cueva del egocentrismo, el narcisismo y la autogratificación. Esto no significa que no vayamos a ser amables y atentos con nosotros mismos, para nada. Es simplemente que vamos a dejar de tomárnoslo todo tan personalmente y vamos a intentar obsesionarnos menos con nuestro propio personaje.

Dejar el ego a un lado requiere disposición y humildad para ser instruido, voluntad para seguir aprendiendo y ganas de revisar o desaprender cosas que han demostrado ser contraproducentes para nosotros. Requiere moderación. También requiere que dejemos en suspensión muchas de nuestras necesidades más primarias y compulsivas: la necesidad de reconocimiento, la necesidad de validación, la necesidad de ser el centro del mundo, la necesidad de aprobación ajena, la necesidad de ganar, la necesidad de sentirnos únicos, especiales e incluso superiores, y la necesidad de que todos nuestros deseos individuales se cumplan. Tennessee Williams afirmó:

> «Nadie ve a nadie de verdad, solo a través de los defectos de sus propios egos. Así es como todos nos vemos en la vida. La vanidad, el miedo, el deseo, la competencia —todas esas distorsiones dentro de nuestra propia personalidad— condicionan nuestra visión de otros respecto a nosotros. Añade a esas distorsiones de nuestro propio ego las distorsiones de los egos de los demás, y verás lo nublado que debe llegar a ser el cristal a través del cual nos miramos el uno al otro».

Si no podemos ir más allá de nuestro ego, seguiremos recreando los mismos escenarios y desempeñando los mismos papeles una y otra vez, sin ninguna oportunidad de escapar del samsara y descubrir el reino de la paz, la satisfacción y el amor que podemos alcanzar aquí, ahora mismo.

8. Trabajar en la humildad

Una vez escuché un dicho: «La puerta al reino de Dios es exactamente tan alta como cuando caminas de rodillas. Si estás de pie, lleno de orgullo, no puedes pasar». Me parece muy cierto. Hace unos años, asistí a una reunión internacional con varios conferenciantes. Estaban el dalái lama y algunos pensadores occidentales. Fue bastante sorprendente ser testigo de cómo la mayoría de esos pensadores se sentían tan ilustres que no se inclinaron con respeto ni un centímetro al saludar al dalái lama. Eso me hizo reflexionar sobre el gran valor de la humildad y cómo solo los más evolucionados han integrado esta virtud. El resto sigue pensando que es un signo de debilidad. Nada más lejos de la verdad. Solo las personas sabias son capaces de reconocer que, cuanto más progresas, más te conviertes en un instrumento de algo más grande. Por tanto, debes diluir tu sentido de autoimportancia para mantener la luz que este mundo necesita tan desesperadamente. Si la usas para iluminar tu propio ego, estás desperdiciando tus dones y manteniéndote atrapado en tus propios delirios de grandeza. Si la usas para cegar a otros, tampoco sirve de nada.

Por supuesto, es todo un reto en nuestra cultura contemporánea, en la que se promueve el comportamiento opuesto. Nos bombardean incesantemente con la necesidad de crear y vender tu marca personal, con la importancia de promocionarte incansablemente y ser el centro de atención, impresionando a otros todo el tiempo, convenciéndoles de lo increíble que eres y reclamando tanto crédito como sea posible, incluso si esto significa trepar sobre hombros ajenos, criticándolos o despreciándolos.

La humildad no tiene nada que ver con la baja autoestima. Al contrario, para las personas humildes, su autoestima no está apegada a sus rasgos personales, apariencia física, riqueza, deficiencias, posesiones o su pasado. En cambio, está relacionada con su propósito único de vida y el empoderamiento para cumplir ese propósito por el bien común. No se comparan ni se sienten en competencia con los demás. Se relacionan con otros al mismo nivel, sin necesidad de presumir, conseguir admiración o impresionarlos. Tratan a todo el mundo de la misma manera, reyes y mendigos, porque saben que son solo seres humanos con las mismas luchas y aspiraciones de felicidad que ellos, y que están también en el mismo camino difícil hacia el progreso interno (sean conscientes de ello o no). Por lo tanto, la búsqueda de sentido no debe confundirse con ambiciones personales de éxito mundano o con el orgullo. La humildad, desde la perspectiva espiritual, debe cultivarse, ya que el significado de la vida está íntimamente relacionado con servir a un propósito mayor y contribuir —de la manera que podamos— a la felicidad de los demás.

Por eso es fundamental no tomarnos demasiado en serio ni colgarnos medallas por nuestros logros (ya que sabemos que una gran parte se debe a diferentes causas y al apoyo de otros). Un muy buen ejemplo de esto ocurrió después de la Segunda Guerra Mundial. Winston Churchill, en respuesta a todos los elogios que le presentaron, comentó humildemente: «Yo no era el león, pero recayó en mí emitir el rugido del león».

9. Distinguir la diferencia entre la realidad convencional y la realidad definitiva

Las personas que han adoptado la perspectiva de la sabiduría universal en diferentes tradiciones como el Vedanta, el budismo Mahayana o la filosofía perenne indican que la existencia implica dos tipos diferentes de realidad.

- La realidad convencional: la constituyen nuestra experiencia cotidiana y la comprensión en la que el mundo de la forma aparece y funciona. Se cree que todo está separado, es sólido y tiene una existencia inherente fragmentada de todo lo demás. Esto es lo que la mayoría de nosotros tomamos erróneamente como la única realidad.
- La realidad última: más allá de nuestros conceptos, de los análisis y la dualidad, se encuentra una verdad eterna sin distinciones

> ni separaciones; un terreno ilimitado, puro y perfecto que permite la unidad, la realización de nuestro Ser más profundo. Esta es una experiencia directa de la verdad última, la vacuidad plena que está más allá de la dualidad.

Es importante entender esta distinción para integrarla y utilizarla en nuestro camino de desarrollo. Tenemos que recordar que el vacío (como se usa aquí) no se refiere a la nada o a algún tipo de visión nihilista. El vacío se refiere al hecho de que nuestra experiencia diaria y nuestra percepción del mundo y de nosotros mismos no es real. El vacío carece de las cualidades y el atractivo que normalmente le asignamos. Esto es ciertamente muy difícil de explicar con palabras, ya que nos referimos a algo que está más allá de la conceptualización. Es una percepción que se esconde detrás de las palabras. Solo experimentándolo directamente podemos poner fin al proceso erróneo de proyección de nuestro ego y sus carencias en el mundo externo y las personas.

Necesitamos vivir y actuar en la realidad convencional, donde aplicamos el sentido común y tratamos de encontrar prácticas exitosas no solo para sobrevivir, sino también para superar el sufrimiento y prosperar. Sin embargo, también debemos darnos cuenta de que, más allá de esta experiencia que compartimos en la Tierra, está el infinito, la unidad permanente, lo eterno, el amor sin fin que es nuestra verdadera naturaleza.

No hay ninguna contradicción aquí, ni una dicotomía verdadero-falso. Absoluto y relativo no están separados. Como está escrito en el Sutra del Corazón: «La forma no es otra cosa que vacío; y el vacío no es más que la forma. La forma es exactamente vacío; el vacío es exactamente forma». Esta es la paradoja que debemos integrar: el absoluto está relacionado con lo relativo, y lo relativo está relacionado con el absoluto. Juntos conforman la realidad.

En otras palabras, somos materiales y espirituales al mismo tiempo. Tenemos un cuerpo y una mente, pero no somos nuestro cuerpo ni nuestra mente. Somos energía en flujo constante que no puede ser destruida, solo transformada. Vivimos una vida con un principio y un fin, pero la conciencia que da lugar a la vida existió antes y lo hará después. Parecemos sólidos y separados, pero eso es parte de la ilusión que debemos experimentar y trascender para desarrollarnos.

Me gusta usar una simple metáfora para facilitar la comprensión. Cuando llegamos a este planeta, llegamos con un papel que desempeñar en este teatro llamado vida. Nos inscribimos con un guion, conscientes de ciertos acontecimientos y personas que nos encontraremos. No sabemos cómo actuaremos entonces, aunque podemos tener una idea clara de antemano sobre cómo debemos actuar. Una vez encarnados, normalmente ya no podemos recordar nuestras buenas intenciones y planes. Nos involucramos tanto y nos identificamos tanto con el papel que acordamos desempeñar que creemos que somos ese personaje, por lo que el espectáculo se convierte en un drama en el que quedamos totalmente atrapados, olvidando la visión general. Sin embargo, cuando la obra ha terminado para nosotros, y dejamos atrás todo lo que parecía tan importante, entonces nos damos cuenta una vez más de que vinimos como visitantes aquí por un corto período de tiempo. De repente, recordamos el diseño inicial en el que participamos y que somos los actores, no el personaje que interpretamos durante un tiempo. Comprender la existencia de la realidad convencional y la última puede ayudarnos a ser conscientes de esto ahora, sin la necesidad de esperar a nuestra muerte física.

CAPÍTULO 16

Cómo alcanzar la graduación

«Somos también actores sobre un escenario. El escenario cambia. Los actos terminan. Las luces se encienden una vez más.

Y, a través de la gran ilusión y las siguientes y las siguientes, está la majestuosidad que sostiene el Único Creador Infinito. Todo está bien. Nada se pierde».

Ra, La ley del Uno

Muchos dicen: «Soy una buena persona y creo en Dios, así que estoy seguro de que estoy preparado para ascender». No es tan simple. Los seres humanos son chispas divinas, por lo que tenemos el potencial para la Divinidad perfecta. Tenemos una tendencia inherente a ser buenas personas. Pero esto no significa que vayamos a ascender inmediatamente a dimensiones superiores de consciencia. Para ello se requiere un trabajo interno crucial, porque la evolución se realiza desde la consciencia de quiénes somos, y vamos progresando de la identificación con el ego a vivir desde el Yo Superior. Y eso no se logra solo siendo una buena persona.

Tenemos que ser conscientes de que —debido a la evolución de nuestro planeta dentro del Universo— nos estamos acercando a lo que «la ley del Uno» llama la cosecha, algo que yo prefiero llamar graduación porque es mucho más fácil de entender.

Hemos pasado por muchos ciclos de encarnaciones que nos han permitido experimentar la materia y la dualidad en este planeta de baja vibración. Esto nos permite aprender y llevar muchas experiencias de vuelta a la Fuente. Todo lo que nos ha ocurrido tiene una razón, aunque no pudiéramos entenderla en ese momento. Nuestra alma ha elegido los encuentros y circunstancias más apropiados para nuestro crecimiento. Todo ha sido perfecto tal y como fue. Hemos tenido innumerables oportunidades para desarrollar nuestra sabiduría y compasión. Hemos pasado por muchas clases y entrenamientos. Ahora, estamos en medio del intenso curso final antes de pasar los últimos exámenes, ya que el momento de la graduación está a la vuelta de la esquina.

No todo el mundo podrá graduarse al terminar la universidad. Algunos tendrán que repetir varias asignaturas y otros, cursos enteros. La velocidad a la que alcanzamos la graduación no se impone desde el exterior, ya que tenemos libre albedrío para decidir nuestro ritmo de aprendizaje. Todo en el universo se hace con gran cuidado hacia cada uno de nosotros. No hay nada aleatorio. Todo está lleno de amor incondicional. Por lo tanto, las claves que doy a continuación solo pueden ser útiles para aquellos interesados en graduarse. Si estás leyendo este libro, asumo que lo estás.

La primera clave es el RESPETO

Debemos aprender a respetar verdaderamente a aquellos que son diferentes a nosotros, los que han tomado otras decisiones, los que prefieren seguir enganchados a la Matrix, los que percibimos que están en el camino equivocado e incluso los que permiten que los dominen. Todos tienen soberanía sobre su vida, incluso si se trata de un miembro de nuestra familia o un amigo cercano. Por supuesto, nos gustaría que todos tomaran la misma decisión que nosotros y pudiéramos caminar el mismo camino juntos. La realidad es que no funciona así.

Es nuestro privilegio elegir cómo vivimos nuestra vida y tomar decisiones sobre nuestra mente, nuestro cuerpo y el uso de nuestra energía vital. Esto no nos hace mejores o peores, solo soberanos. Hemos de respetar a los demás del mismo modo que deseamos ser respetados.

No somos dioses con la capacidad de percibir el gran plan de cada alma. No conocemos las causas y condiciones que cada alma ha seleccionado, su karma ni las lecciones que deben atravesar. Emplazarnos como jueces es inapropiado. Incluso asumir el papel de salvador es incorrecto. No estamos aquí para convencer a nadie de nada, no importa cuán apasionados estemos por nuestra causa o perspectiva. Todos los caminos llevan a Roma. Algunos son más directos, otros pasan por colinas y requieren tomar desvíos. El nuestro no es el único, ni deberíamos generalizarlo. Es perfecto para nosotros, pero no necesariamente extrapolable. Cada camino es sagrado.

Lo opuesto al respeto es el juicio, algo que prevalece entre los seres humanos. Creer que estamos en posesión de la verdad es una característica común del ego, porque le complace infundirse una capa muy efectiva de superioridad. Como los pavos reales, nos permite mostrarnos (o percibirnos) inflados y brillantes. Es una estratagema que nos hunde y nos desconecta de la consciencia. Nos separa de nuestros hermanos y hermanas, nos enfrenta a ellos y nos destruye. Vilipendiar a otros y juzgarlos bajo cualquier excusa es inaceptable y retrasa nuestro despertar espiritual. Es un obstáculo significativo.

La segunda clave es el EQUILIBRIO

Es complicado encontrar el equilibrio cuando nuestra vida está llena de obligaciones y actividades y va a un ritmo apresurado. Es prácticamente imposible si estamos nerviosos, estresados o preocupados. De igual manera, si nuestra cabeza es una sinfonía de ruido, caos y cacofonías, cualquier mensaje inesperado o desacuerdo se convierte en un drama o una amenaza para nuestra frágil estabilidad. La vida así se percibe como una caminata sobre la cuerda floja o una rueda de la fortuna de la cual nunca podemos bajarnos. Por lo tanto, no podemos pretender avanzar a otra etapa de la evolución.

Estar en equilibrio significa permanecer anclado sin importar lo que suceda. Estamos hablando de dominar la habilidad de permanecer en nuestro eje incluso si hay conflicto o confusión a nuestro alrededor.

Se logra cultivando la paciencia y la templanza en lugar de reaccionar con ira y automáticamente. Mantenerse neutro es una forma de evitar entrar en un carrusel de sentimientos. Si tu pareja hace un gesto desagradable o se enfada, no te enfades tú también. Si tus colegas cotillean sobre otros, no te dejes arrastrar por estas malas vibraciones. Si el niño tiene una rabieta, no le permitas perder el control. Si nos amenazan con medidas draconianas, no nos permitamos caer por un precipicio de pánico.

Se trata de operar con ecuanimidad, claridad mental y silencio interior para elegir en lugar de ser arrastrados. Nos enraizamos como una montaña firmemente asentada en el terreno sólido de la naturaleza, observando pasar las estaciones, las tormentas y los vientos sin sentirse personalmente involucrada. Entiendes que todo es efímero, por lo que nada puede causar desasosiego, ira o angustia en ti sin tu permiso. Sabiendo que eres responsable de tu mente, puedes aceptar lo que viene con simplicidad y sin resistencia. La reactividad ya no es una opción tolerable. Las personas y sus circunstancias te importan, pero reconoces que su sufrimiento no depende de ti ni está bajo tu control.

Al asumir el papel del testigo, puedes observarlo todo cuidadosamente. Sin embargo, no permites que las circunstancias externas determinen tus emociones, sentimientos y pensamientos, ni que te hagan vivir en una montaña rusa constante. De lo contrario, no estarás preparado para ascender a la quinta dimensión, ya que esto requiere un dominio total sobre las emociones, ser dueños de nuestra mente y permanecer con paz interior en todo momento. Por lo tanto, es esencial pasar de un *modus operandi* externo a uno interno.

La tercera clave es el DESAPEGO

Aquí, me refiero a todo tipo de apegos, empezando por los materiales. Si estamos aferrados a nuestra casa, el coche, el dinero en el banco o las posesiones y propiedades, eso nos impedirá cambiar. Y lo que viene no es solo un cambio, sino una transformación sustancial. Ese sentimiento de no querer perder lo que se ha logrado o acumulado porque nos costó esfuerzo o tiempo llegar allí no justifica el apego. Racionalizar el apego no lo disuelve; solo lo fortalece.

Hay muchos más tipos de apegos que superar para pasar a la próxima fase: a todos los acontecimientos que sucedieron y nos lastimaron, a los errores que cometimos y aún nos pesan, a las batallas que no ganamos, a los sueños que no pudimos hacer realidad, a aquellos que ya no están en nuestras vidas... Nada de eso tiene relevancia en el presente. Solo podemos llevarnos las lecciones aprendidas. El resto son pesos que nos impedirán volar.

Otro desapego crítico por dominar se relaciona con las creencias, opiniones y otros andamios mentales que hemos creado. Esto parte de la base de que hemos sido sometidos a una programación desde muy jóvenes para aceptar las reglas del juego de la dualidad a través de nuestra familia, sociedad y cultura. Muchos de nosotros también percibimos que nos han enseñado a pensar de una manera que beneficia a las personas que detentan los poderes fácticos y nos impide ser quienes realmente somos. En otras palabras, muchas de nuestras creencias están determinadas por fuerzas externas compartidas por miles o millones de personas, pero esto no las convierte en verdades indiscutibles. Simplemente están dictadas por el marketing, las llamadas autoridades, expertos, famosos, influencers, series de televisión, etc., que te convencen sobre cómo deberías pensar, sentir y actuar. Cualquier tipo de cuestionamiento es percibido como una amenaza para el sistema e incluso para la mayoría de las personas que han internalizado esa forma de pensar.

No obstante, para despertar debemos cuestionar todos los dogmas que hemos recibido, aunque fueran pilares sobre los cuales construimos nuestras certezas. Ninguna creencia es sagrada o sólida. Todo tiene que ser examinado, y debemos mantener suficiente apertura mental para revisar todo lo que nos han inculcado. Son meramente suposiciones, incluso si están cubiertas en capas de plausibilidad y respaldadas por estudios científicos, ya que los descubrimientos de hoy quedarán obsoletos mañana.

Estamos comenzando otra era, la era del despertar. Eso, en esencia, es buscar la verdad, cuestionar lo que se acepta comúnmente, investigar en lugar de seguir la propaganda de los medios de masas, repensar certezas anteriores y hacerte responsable de tu vida sin esperar que otros te digan qué hacer. La sumisión ya no tiene lugar. Nadie debería dictar cómo piensas o te comportas para ser considerado un buen ciudadano que sigue ciegamente al rebaño. Ningún líder político, empresarial, religioso, médico, farmacéutico, financiero o famoso de cualquier tipo tiene la capacidad de saber lo que es mejor para ti.

Finalmente, me gustaría añadir el desapego de las expectativas. Es fundamental recordar que la graduación es un proceso individual y que no todos estarán listos para el examen final en esta ronda. Algunas personas necesitarán más tiempo y lecciones para superar la prueba.

Desconocemos cuál es el plan de cada alma, ni siquiera el nuestro. No sabemos cómo se desarrollará el próximo capítulo de nuestra vida, aunque podamos tener algunas ideas al respecto. No solo eso, sino que ni siquiera podemos imaginar lo maravilloso que es vivir iluminados, habiendo ya trascendido los velos limitantes de la dualidad. Si insistimos en que las cosas sean de cierta manera, desperdiciaremos nuestra energía en fantasías mentales inútiles.

La cuarta clave es NO VIVIR DESDE EL EGO

La llamada final nos urge a actuar desde el Yo Superior, dejando de lado los trucos y manipulaciones familiares del ego. Debemos dejar de identificarnos con la personalidad.

La autoobservación constante es esencial para lograrlo en todo momento, para hacernos conscientes de cuándo estamos siendo provocados y no responder de manera automática; cuándo tratamos de ser el centro de atención; cuándo queremos sentirnos por encima de los demás; cuándo competimos para sentirnos especiales o discutimos para colocarnos en la cima y tener razón; cuándo proyectamos nuestras debilidades en otros en lugar de mirarnos a nosotros mismos e intentar superarlas; cuándo mentimos y engañamos en nuestro afán de destacar o sacar ventaja, y así sucesivamente.

El ego adopta múltiples disfraces y, al hacerlo, nos engañamos a nosotros mismos justificándonos y tropezando con las mismas piedras repetidamente. Cuando señalamos y juzgamos a los demás en lugar de respetar su idiosincrasia, es el ego queriendo ponerse en el papel del virtuoso. Cuando criticamos lo que consideramos los defectos de otros o damos opiniones que no nos han pedido, pasamos por alto que todos actúan lo mejor que pueden. Suele ser más sabio guardarnos nuestras ideas no solicitadas para nosotros mismos o, aún mejor, transformarlas en compasión por la otra persona, transmutando la mirada hostil en algo más constructivo.

El ego siempre busca dominar o ser dominado, tener poder sobre los demás o sentirse victimizado por las circunstancias. Su pasatiempo favorito consiste en ocuparse de los asuntos de otras personas en lugar de trabajar en sus propias debilidades o admitir un complejo de inferioridad. Desidentificarse de este cansino ego en un perpetuo estado de impotencia, carencia y anhelo es una de las tareas más extraordinarias que nosotros —los humanos tridimensionales— tenemos que completar.

Una vez confirmamos que el ego nunca es un buen consejero o jefe, la Ascensión implica que el centro de gravedad ha de situarse en el Yo Superior. El ego debe ser trascendido para no ceder a los impulsos de supervivencia del *Homo sapiens*, ya que estamos llamados a convertirnos en *Homo cristus*. Eso implica liberarse de las cadenas de los instintos y vivir cada momento desde la consciencia.

Justificar que somos meros animales de dos patas para excusar comportamientos ya no es un argumento válido. Somos seres espirituales, semillas estelares que lo olvidaron al sumergirnos en esta vibración material y dual durante un tiempo. Vinimos a recopilar información y experiencias con las cuales enriquecer el Todo. La próxima fase ha llegado para aquellos que deseen participar en ella. Es hora de comenzar a vivir de manera significativa. Es hora de despertar de nuestro letargo. Es más, es hora de alinearnos con nuestra esencia.

En esta nueva era que estamos inaugurando, las coordenadas ya no pueden basarse en el ego, el individualismo, el conflicto, la confrontación, el poder, la hostilidad, la competitividad, la riqueza, la lujuria y el reconocimiento. Deben estar arraigadas en la cooperación, la unidad, la interconexión, la hermandad, la paz, la armonía, la belleza y la bondad.

Este es el proceso de selección para pasar del ego a la consciencia, y debemos llevarlo a cabo en nuestra vida diaria para que no sea solo una idea hermosa, sino un hecho probado.

La quinta clave es usar nuestro PODER CREATIVO con sabiduría

Aunque ahora estemos en un recipiente humano y apenas tengamos acceso a nuestra memoria ancestral y multidimensional, somos seres divinos. Nuestra divinidad nos permite crear a través de nuestros pensamientos y emociones, aunque no seamos conscientes de ello. Por eso debemos ser impecables en el uso de la mente y el habla, pues las consecuencias de nuestras acciones se manifiestan en el exterior, tanto negativa como positivamente.

Tenemos una gran responsabilidad y no podemos permitirnos continuar con la costumbre retorcida de hacer las cosas bien y de forma ética solo cuando estamos en presencia de otros o cuando intentamos escabullirnos. Tampoco es admisible engañar a expensas del bienestar de otros. No es apropiado comportarse como canallas, estafadores, hipócritas o narcisistas que actúan por interés propio. Tales comportamientos, desalineados con el bien común y carentes de empatía e integridad, solo permanecen en la tercera dimensión. Es aquí donde la mayoría de las personas aún actúan desde el programa de supervivencia biológica. Sin ser consistentes con principios superiores, los resultados de nuestra creación son venenosos tanto para el individuo como para el colectivo, algo totalmente inaceptable en planos de consciencia más evolucionados.

Las personas más creativas, aquellas en contacto con el inconsciente colectivo o los mundos más sutiles, utilizan la inspiración para crear arte, libros o diversas invenciones. La imaginación también puede ser un medio de creación, ya que nos ayuda a acceder a los recursos del hemisferio derecho del cerebro en lugar de depender únicamente de la racionalidad y el análisis del hemisferio izquierdo. Esto no es fácil en una sociedad que acentúa solo lo lógico y verificable. Sin embargo, es posible y aconsejable.

El sistema, ciertamente, no facilita eso. Los poderes políticos y religiosos nunca han acogido bien la inspiración o el acceso libre e individual a la información. Todo lo que escapa de la red de control es perseguido y desacreditado de una forma u otra, porque representa un desafío a la autoridad. La intención es hacernos creer que somos seres insignificantes e ignorantes a quienes se les debe decir qué pensar, cómo comportarse y cómo vivir nuestras vidas. Encerrados en un redil, es más fácil mantenernos dominados y controlados. El problema es que nos lo hemos creído.

En realidad, somos seres poderosos. Nuestro origen divino nos permite una conexión ininterrumpida con el Creador. Como somos sus fractales, nos da una habilidad creativa única. Como resultado, lo sepamos o no, estamos continuamente creando, y nuestra vida es nuestra obra más destacada.

En esta dimensión, la manifestación de nuestros frutos generalmente no es tan inmediata, por eso tendemos a no darnos cuenta de ello. A menudo lo hacemos inconscientemente, sin saber que lo estamos llevando a cabo. De ahí la necesidad de observar lo que subyace en nuestra mente subconsciente, nuestras sombras y nuestras creencias más profundas, porque son el manantial de lo que manifestamos en el mundo.

Por lo tanto, el uso impecable de pensamientos, palabras y emociones es necesario para ascender, ya que, a medida que incrementa nuestra vibración, la capacidad para crear se vuelve más evidente y rápida. Si no estamos completamente alineados con la honestidad, la integridad y el equilibrio, podríamos desplegar un mundo horrendo en tiempo récord. Eso sería inaceptable.

Aquellos que dominan las claves del poder conocen perfectamente la existencia de esta herramienta. Se utiliza y potencia en numerosas ocasiones a través del miedo, por ejemplo. Las personas que se sienten amenazadas o piensan en escenarios futuros aterradores contribuyen a la creación de sus temores. Las emociones sólidas y vívidas contribuyen en gran medida a hacer que algo se sienta más real, infundiéndoles a estas personas la poderosa energía necesaria para la manifestación. Por eso es crítico dominar nuestras fluctuaciones emocionales y ser absolutos dueños de nuestra mente.

Si todavía somos susceptibles a desencadenantes externos que nos sacan de nuestro centro, no podemos avanzar a una etapa de consciencia superior en la que la creación se acelera. Sin alcanzar un grado desarrollado de neutralidad, benevolencia y ecuanimidad, nuestro potencial infinito estaría completamente descontrolado y desenfrenado, causando daños significativos a nuestro alrededor.

PARTE 4

Las 5 claves principales

«Sea cual sea el plano en el que esté actuando nuestra conciencia, tanto nosotros como las cosas que pertenecen a ese plano somos, por el momento, nuestras únicas realidades. A medida que nos elevamos en la escala del desarrollo, percibimos que durante las etapas por las que hemos pasado confundimos sombras con realidades.

El progreso ascendente del ego es una serie de despertares progresivos, cada avance conlleva creer que por fin hemos llegado a la «realidad»; pero solo cuando hayamos alcanzado la conciencia absoluta, y nos mezclemos con ella, estaremos libres de los delirios producidos por *maya*».

HELENA PETROVNA BLAVATSKY

CAPÍTULO 17

Desidentificación con el ego

«¿Estás sufriendo? Ahhh, debes de estar muy apegado. ¿Por qué no lo sueltas?

Si lo sueltas un poco, serás un poco feliz.

Si lo sueltas mucho, serás muy feliz.

Si lo sueltas por completo, serás completamente feliz».

AJAHN CHAH

En nuestra sociedad occidental, todo lo que nos rodea enfatiza y apoya un ego o identidad con el yo cada vez más fuerte, por lo que estamos totalmente condicionados por ello desde nuestra primera infancia. Construimos un yo separado, limitado y defensivo para tratar con las personas y las circunstancias, y terminamos creyendo que este yo limitado que está continuamente pensando, sintiendo, juzgando, compitiendo y temiendo es lo que somos. Se nos ha enseñado de niños —y más tarde nos han lavado el cerebro como adultos para ello—, que tenemos que ganar pase lo que pase, que hemos de poner primero los intereses propios e imponer nuestra voluntad a expensas de los demás. La raíz de esta actitud es a menudo el miedo y la sensación de encontrarnos perdidos y solos.

Los niños fabrican su sentido de sí mismos a través de la internalización e identificación con las características de sus padres y con cómo sus padres se relacionan con ellos. La identidad del ego sigue formándose con una colección de imágenes e ideas de uno mismo que son solo conceptos mentales, no una realidad. De esta manera, nos convertimos en algo sólido, demarcado, separado de todo lo demás. Y la actividad principal del ego consiste en aferrarse a las experiencias que mantienen su identidad y rechazar todo lo que puede amenazarla. El ego busca desesperadamente la seguridad y, por tanto, se agarra a posesiones, justificaciones, creencias y personas que parecen proporcionársela.

No es únicamente una construcción cognitiva compuesta de conceptos, sino que también está apoyado por los sentimientos, en su mayoría destructivos. Cuando nos dividimos en un yo contra otro, entonces ese yo siente miedo. Como dijo Ken Wilber: «Simplemente porque ahora hay muchos otros por ahí que pueden dañarnos». Si seguimos identificándonos con ese pequeño y vulnerable yo, entonces otros pueden lastimarlo, insultarlo, menospreciarlo y restringirlo. El ego se alimenta con el resentimiento, la ansiedad y la insatisfacción. Recoge activamente las heridas, carencias, envidias secretas y deseos ocultos con el fin de reforzarse y seguir creciendo. Es una versión de autocontracción de nuestra esencia a la que normalmente somos completamente ajenos. Lo sostenemos con hábitos como encontrar fallos en todo y todos, juzgando cada acción y cada palabra, y criticando a los demás por no ser como nosotros o no ajustarse a nuestras expectativas, estándares o características preferidas. Esto es un serio obstáculo para ir a los grados superiores de sabiduría. Juzgamos demasiado sobre lo que hacemos y no merecemos, sobre lo que estamos haciendo bien y lo que estamos haciendo mal, sobre todas las cosas que todavía tenemos que lograr. Es necesario dejar ir esos juicios para sentir el amor y la alegría que están presentes aquí y ahora mismo para todos nosotros.

También repetimos los mismos patrones y comportamientos antiguos que hemos formado cuidadosamente a lo largo de los años a través de este cadáver llamado ego, confundiéndolo con nuestro verdadero yo al no ser conscientes de su existencia. Como estamos viendo, esta misma construcción es en realidad el velo que nos impide ver lo que está más allá y nos mantiene atrapados en una composición de conceptos elaborados que terminamos identificando como nosotros mismos. Nos sentimos incompletos porque nos hemos estado identificando toda nuestra vida con nuestros pensamientos, sentimientos, posesiones, cuerpo, familia, cultura, país, religión, partido político... De alguna manera, nos hemos hipnotizado creyendo completamente nuestros pensamientos y las sugerencias de otras personas. De esa manera seguimos representando papeles con enorme intensidad y drama a lo largo de los años.

Como comentamos en capítulos anteriores, siempre he visto en la trilogía de las películas de los Wachowski (ahora las Wachowski) —*Matrix*— un espléndido símbolo de nuestro planeta. En algún momento de la primera película, al personaje principal, Neo, se le da una opción, ya que se le ofrecen dos píldoras. Una lo enviará de vuelta a la vida que ha conocido; la otra le permitirá explorar la verdad y entrar en un mundo alternativo donde aprenderá sobre la Matrix. Él elige esta última, y la verdad es casi más impresionante de lo que puede soportar. Luego descubre que la mayoría de la gente es inconsciente y se encuentra atrapada en la ilusión colectiva. A medida que despierta, ve que el mundo que ha considerado real está creado y dirigido por máquinas avanzadas.

Esta es exactamente la elección humana: mantenernos dormidos en el sueño de nuestras propias interpretaciones en forma de filtros, conceptos, historias, proyecciones, falsas creencias... hipnotizándonos, creyendo lo que pensamos sobre lo que percibimos, continuando fijos en estas descripciones que hemos inventado individual y colectivamente. O podemos dejarnos de tonterías de una vez por todas y experimentar el mundo directamente. ¿Cómo? Acallando el diálogo incesante de la mente y empezando a vivir en un reino de silencio. En lugar de interpretar un mundo hecho de descripciones y opiniones y creer que refleja la realidad, hemos de reconocer la inteligencia divina que orquesta el universo y que está más allá de las palabras y teorías. De lo contrario, la máquina analítica toma el control, y nuestra oportunidad de percepción directa se pierde en los patrones mentales.

Nuestro sentido habitual de nosotros mismos también se caracteriza por un sentimiento de continuidad temporal y de igualdad a lo largo del tiempo, por un sentido de consistencia en las interacciones interpersonales, y también por el reconocimiento que los demás tienen de esta continuidad. Sin embargo, las psicologías orientales más avanzadas ven el ego como algo irreal, y como un filtro grueso que no nos permite experimentar la vida directamente, sino a través del sesgo de nuestros conceptos, las conclusiones extraídas de nuestras experiencias pasadas, las creencias adoptadas en el camino, y la tensión de nuestros miedos más íntimos. Aferrarse a un sentido de continuidad personal e identidad propia resulta en descontento crónico y en conflicto psíquico latente.

El ego nace para estar a cargo de la supervivencia y la protección. Es solo una necesidad operativa. Según el ego, somos esencialmente seres separados, luchando por nuestra propia existencia, tratando de sobrevivir, de nutrirnos y de obtener reconocimiento.

El ego solo debería tomar el papel de oficial de seguridad. El problema surge cuando lo promovemos a director ejecutivo, como terminamos haciendo. Entonces el ego se erige como único dueño del negocio y sus objetivos son los únicos que importan. Esta confusión de nuestra verdadera identidad se encuentra en la mayoría de nuestras situaciones. Reducimos la inmensidad de nuestra verdadera naturaleza a una versión reducida y simplificada de lo que realmente somos. Limitamos nuestra esencia a una estructura encogida que nos asfixia. Confundimos la fachada exterior con el núcleo de nuestro ser. Hacemos realidad el ego y nos preguntamos por qué siempre tenemos sed, sin importar cuánto bebamos.

Metafóricamente, tendemos a identificarnos con la flor, que florece por muy poco tiempo y luego se marchita y muere. Hemos olvidado que somos más como un árbol, con raíces que se hunden profundamente. Podemos compartir los frutos con la Madre Tierra para expandir la vida y esto creará a su vez semillas que crearán nuevos árboles que también son parte de nosotros. Engendramos vida, y somos parte de esta creación y expansión sin fin de la existencia. La muerte no existe. Somos hilos coloridos perfectamente tejidos en el campo extenso de la Consciencia.

En los seres humanos, el ego sirve como instrumento para la individualización. Pero, una vez que se ha formado la individualidad, creer que somos nuestro ego se vuelve limitante y dañino. Por eso tenemos que ir más allá de sus límites con el fin de que no se convierta en un gran obstáculo para nuestro mayor desarrollo. Pero, naturalmente, como nos hemos tomado tantas molestias para construirlo, disolverlo no es una tarea fácil.

La palabra ego significa «yo». Sin un yo no podemos desenvolvernos en el mundo en el que vivimos. El proceso de trascender el ego a menudo se malinterpreta como la necesidad de aniquilarlo o abolirlo. Pero trascenderlo no significa hacerlo desaparecer o destruirlo. Solo significa no estar limitados por él y expandirnos más allá, de una manera integrada. Significa incluir otras formas de ser. Significa no dejar que el tirano que se ha construido a través del condicionamiento social y cultural niegue la existencia de otras dimensiones de la realidad distintas de aquellas con las que se encuentra familiarizado y cómodo. Necesitamos algún tipo de ego para hacer frente a la logística de la vida cotidiana. Como dijo el psicólogo Jack Engler: «Tienes que ser alguien antes de no ser nadie». Necesitas ser un ser humano feliz, saludable y maduro antes de poder ir más allá de ti mismo. Como vimos en el capítulo sobre el atajo espiritual, necesitas ser capaz de funcionar bien en el mundo y sanar tus heridas antes de entrar en el despertar espiritual. Además, siempre necesitarás un ego que funcione para llevar a cabo las tareas diarias. Como el dalái lama dijo una vez: «Necesitas un ego para tomar el autobús».

Requerimos un ego para tratar competentemente con el mundo físico del tiempo y el espacio, de la ejecución y las estrategias. Y tenemos que desarrollar el yo transpersonal para tratar competentemente con el mundo psicológico más allá del tiempo y el espacio, y con el reino interior. Ambos son necesarios para vivir una vida entera e integrada. Y el ego siempre debe estar al servicio del yo transpersonal. La vida diaria no es un problema cuando no te quedas atrapado en pensamientos y emociones engañosos. Puedes jugar con las reglas convencionales de nuestra sociedad sin ser absorbido por ellas. Puedes actuar y tener una vida «normal» y al mismo tiempo ser consciente de que quien realmente eres se extiende a todo el universo y así trasciende cualquier versión limitante activada por tus creencias y los que te rodean. Te das cuenta de que todo es un juego y por lo tanto ya no te importa ganar o perder nada, porque en realidad no hay nada que ganar o perder. La vida se convierte en un proceso de experimentación y descubrimiento de tu verdadera naturaleza. Y de buen grado lo abrazas como una ruta para llegar a ser.

Por supuesto, todo comienza por saber que no somos nuestros sentimientos. Eso nos libera de su control, especialmente cuando las emociones que surgen son destructivas, ya sean miedo, dolor o envidia. Nos podemos dar cuenta de que somos el testigo, la conciencia pura liberada de todos los estados emocionales y físicos. No obstante, no debemos olvidar que al principio esto es solo una abstracción mental, una comprensión intelectual para cambiar nuestra perspectiva. En sí mismo no hace que nuestra ira o tristeza desaparezcan. Solo nos da un camino diferente para caminar y no dejarnos llevar por las apariencias, creyendo que hay un «yo» que defender. Para que las emociones negativas se disuelvan, es importante sentirlas, profundizar en ellas si es necesario, convertirse en uno con ellas. Reprimirlas u ocultarlas no hará que desaparezcan. Solo pueden disolverse sintiéndolas completamente y dejándolas ir, sin alimentarlas más con pensamientos e imágenes adicionales. De lo contrario, se hunden de nuevo en la mente subconsciente. Los sentimientos no reconocidos continuarán desarrollándose y apareciendo con diferentes disfraces como neurosis, enfermedades psicosomáticas, falta de energía o sutiles autosabotajes. Decirte a ti mismo que no los sientes porque no hay ego como tal no los hará desaparecer. Ese tipo de truco no funciona. Tenemos que ser realistas sobre la mejor manera de lidiar con ellos. Es importante afrontarlos con valentía, ya sean miedos, ansiedad, ira, vergüenza, culpa o depresión. Las prácticas contemplativas nos enseñan que las emociones negativas no duran. Para disolverlas, es útil permitirse sentirlas primero, etiquetarlas, explorar su posible causa, tomar acción (ya sea física o verbal, o incluso si la decisión final es la de no actuar) y, por último, pero no menos importante, hay que soltarlas por completo. Después de pasar por esto, puedes notar que la emoción negativa ya ha desaparecido o se ha transformado en otra cosa. En cualquier caso, ha perdido su poder y su control sobre ti porque no la consideras como parte de ti, no te identificas con ella y la ves como una nube en el cielo prístino de tu mente, nada más.

Al ego le encanta separarse y etiquetar. No puede reconocer la unidad subyacente de todas las cosas y seres. Sin embargo, cuando pasamos a través de la neblina de pensamientos, expectativas, ideas y conceptos inventados por él, descubrimos nuestra esencia como la fuente de todo lo que necesitamos. Solo entonces podemos encontrar la plenitud eterna que siempre hemos estado buscando en los lugares equivocados. Allí por fin podemos ser ungidos en una total paz. Nuestro desafío y premio en la Tierra es ser una consciencia única e individual, y al mismo tiempo estar conectado con el Todo. Consiste en descubrir que el Hogar está dentro de nosotros mismos.

Cuando encuentras paz dentro, también te das cuenta de que ya no necesitas tantas cosas del mundo exterior. Te liberas de cualquier tipo de dependencia, y el miedo desaparece. Ya no hay preocupación por poder obtener algo que necesitamos. Ya no hay miedo de perder algo que tenemos. Ya no existe el temor de carecer de algo o de alguien que nos aporte la felicidad suprema. Descubrimos que ya somos todo lo que podríamos necesitar. Habitamos el espíritu inmutable que es testigo de los juegos del ego y de su comportamiento infantil con compasión y desapego. Abrazamos los altibajos de la vida cotidiana con comprensión y ecuanimidad, sabiendo que nada en la Tierra puede ser una amenaza o una fuente de satisfacción duradera. Así, más allá del contenido de la mente (pensamientos, sentimientos, impulsos, percepciones...), hay una dimensión más grande y más profunda que apenas notamos, a menos que nos entrenemos a través de la meditación y la quietud, que es la presencia de la Consciencia no conceptual, la que no tiene forma, no tiene principio ni fin. En el budismo tibetano, esto se representa a través del mandala, que es un símbolo del movimiento creativo de todas las formas de vida en el campo dinámico del espacio abierto. Mucho más que simples ayudas a la concentración, los mandalas tienen un significado mucho más profundo: retratan la forma en que se desarrolla la conciencia, sin necesidad de un punto central de sí misma, sin el sesgo de la perspectiva propia, con una fusión cada vez mayor del Testigo con lo percibido. Todo está relacionado al mismo nivel, fuera de la visión dualista a la que normalmente estamos atados.

Como siempre estamos buscando una creencia, una persona, una idea, una identidad, una reacción, una seguridad a la que aferrarnos, no reconocemos nuestra naturaleza esencial. Hay tanto movimiento, distracción y juicio en la superficie que no percibimos lo que se encuentra en las profundidades de nuestro ser. Nuestra adicción habitual a la tendencia de apego de nuestra mente nos hace pasar por alto el núcleo de lo que realmente somos. El ego que cree sin cuestionárselo que su identidad es equivalente a los pensamientos que tiene crea un sentido de sí mismo constreñido, convencido de que tiene un territorio limitado para defenderse de cualquier competidor, y está compuesto por una sustancia frágil que puede ser perjudicada fácilmente.

Solo hay una base para despertar: la consciencia. Es decir, contemplando honestamente todos los aspectos que has pasado años escondiéndote a ti mismo, como la tendencia a juzgar y criticar, una profunda falta de confianza en ti mismo o el miedo a ser herido en las relaciones. Tomando completa responsabilidad por todo lo que has construido consciente o inconscientemente, sabiendo que no es parte de quién eres, pero que puede convertirse en un espejismo que te llevará a un oasis falso.

Ser conscientes de los mecanismos sutiles de la mente y de las diferencias entre nuestro papel en el mundo de samsara y nuestra verdadera naturaleza es un buen punto de partida para comenzar el camino del autodescubrimiento y desenredar los muchos disfraces que nuestro ego adopta para sobrevivir. Otro ciertamente es —como se sugiere en capítulos anteriores— la meditación, ya que nos ayuda a alejarnos del flujo incesante de pensamientos que inundan nuestra mente.

La libertad solo puede lograrse mediante una gran determinación y perseverancia a nivel interno. Implica liberarse de la necesidad de poder en todos los sentidos, y darse cuenta de nuestra verdadera naturaleza como seres de Luz. Aunque la función original del ego es poder experimentarse a sí mismo como una entidad separada, nos perdemos cuando nos embriaga la ilusión de poder y control. Durante mucho tiempo, los humanos hemos tratado de llenar nuestro vacío interno de poder. Hemos creído que podría llenarse con la lucha, el dominio y la manipulación. Por desgracia, esto solo lleva a la degeneración de nuestra esencia, a atacar la integridad de nuestra alma, a una tierra estéril de total pérdida de significado. Curiosamente, el poder siempre aparece enmascarado por ideas que se creen buenas. Pero es únicamente una herramienta del ego para obtener el control. Además, el poder es una droga tóxica que corrompe nuestra mente y nuestra vida al extremo.

Solo cuando esto ha disminuido podemos conectar con esa calma interior que cumple cada deseo que hemos tenido, ya que los disuelve en la vacuidad. La consciencia pura se convierte entonces en una experiencia que no olvidaremos. Al principio, puede comenzar con atisbos efímeros de ella a través de experiencias cumbre o espacios tranquilos entre pensamientos. Al final del camino, se convierte en una forma de vida, una perspectiva que se apodera de toda nuestra existencia, un testigo silencioso que puede actuar en el mundo sin confundirse ni dejarse arrastrar por él. Este es nuestro destino como humanos. Es la joya con la que nacemos, aunque esté profundamente escondida bajo numerosas capas de carbón. Es la perfección que estamos llamados a abrazar. Es el culmen al que aspira nuestra alma. Todo lo demás es pura falsificación de lo verdaderamente real. La Consciencia pura es lo único real que existe. Esto es lo que los sabios, yoguis y místicos a lo largo de los años han llamado despertar.

CAPÍTULO 18

Compasión

«Un ser humano es una parte del todo que llamamos universo, una parte limitada en el tiempo y el espacio. Se experimenta a sí mismo, sus pensamientos y sentimientos como algo separado del resto, una especie de delirio óptico de su conciencia.

Este delirio es una especie de prisión para nosotros, que nos limita a nuestros deseos personales y al afecto por algunas personas más cercanas a nosotros.

Nuestra tarea debe ser liberarnos de esta prisión ampliando nuestro círculo de compasión para abrazar a todas las criaturas vivientes y a toda la naturaleza en su belleza».

ALBERT EINSTEIN

Aunque no sea lo que muchos gurús de autoayuda propugnan, la iluminación tiene muy poco que ver con la superación personal y mucho con la compasión por los demás. La compasión se define como la consciencia del dolor ajeno y el deseo de aliviarlo. No es algo principalmente emocional y aburrido, y no está divorciado de la sabiduría. Se trata de ir más allá de ti mismo, que te importen tanto las personas que te gustan como las que no te gustan, las personas que se lo merecen y también las que no son dignas de ello. Debe practicarse con aquellos que son víctimas y también con aquellos que son perpetradores. Nadie está excluido de la compasión. La Madre Teresa solía decir: «Si no tenemos paz, es porque hemos olvidado que nos pertenecemos el uno al otro».

Se dice que una pluma que cae del ala de una pequeña ave produce un rayo en los mundos lejanos, ya que hay un vínculo inquebrantable entre todas las manifestaciones. Debemos asimilar nuestra total dependencia e interrelación con todo en la vida. Todos estamos entrelazados. Por lo tanto, hemos de sentir gran responsabilidad por cada pensamiento, palabra y acción. ¿Estamos contribuyendo a la paz mundial o estamos creando conflictos porque hay una batalla permanente dentro de nosotros? ¿Estamos colaborando con otros o estamos compitiendo con ellos? ¿Estamos cultivando bondad o egoísmo? Recordemos que la causa y el efecto actúan continua e infinitamente, por lo que debemos ser cuidadosos con nuestra motivación cada día. Ya no podemos permitirnos ser absorbidos por nuestra rutina diaria, realizando nuestras tareas habituales, cuidando a nuestra familia y centrándonos en ganar dinero. Una vez que creces hacia las etapas más altas del desarrollo interno, las dificultades de otras personas también te tocan. No puedes fingir que no te importan porque están físicamente lejos, porque no pertenecen a tu grupo o porque son malvados. Mientras haya algo que podamos hacer para abordar los problemas del mundo, tenemos que asumir la responsabilidad.

No lo hacemos porque seamos buenas personas, lo hacemos porque la fuente de la bondad de nuestro corazón no puede evitar expandirse a todos los rincones del mundo. No es una virtud de las manos, como a veces se puede entender la generosidad, ni siquiera una cualidad de la mente que debamos practicar. Es una energía sin fin. Una vez que percibes que eres una parte intrínseca de ella, intentas convertirte simplemente en un puente que se conecta con todos los seres vivos. Una vez que esa consciencia es patente, no hay manera de que no puedas ser compasivo. Fluye a través de ti. La consciencia no lucha ni rechaza nada; simplemente rodea la oscuridad con conciencia.

La mayoría de las personas comienzan un camino de desarrollo personal por una crisis que les da un fuerte golpe y los tira al suelo.

Una de las cosas buenas del sufrimiento es que levanta a la gente y les empuja a hacer algo de reflexión. Cuando las cosas parecen ir bien y la vida va según nuestros deseos, tendemos a estar menos motivados para adentrarnos en los problemas fundamentales de la vida. Solo cuando la vida se vuelve caótica y nuestras seguridades se resquebrajan tenemos que enfrentarnos a nuestra propia frustración y sufrimiento, y tratar de encontrar maneras de superarlo y posiblemente hacer cambios. Si nos comprometemos y hacemos que nuestra práctica sea lo suficientemente seria, a través de la meditación y la reflexión guiada, podemos aumentar nuestra comprensión y comenzar a disolver algunos autoengaños. Y, si nuestro trabajo interior es constante, nos volvemos más sensibles al sufrimiento de los demás y nos dedicamos a tratar de aliviarlo.

Estar comprometido con un camino espiritual significa que observas de cerca el funcionamiento del ego, una entidad de la que otros puede que no estén al tanto. Por eso no solo te conmueves con compasión por los niños hambrientos en África o los refugiados que huyen de la guerra, sino también al detectar las formas más sutiles en las que el ego nos hace juzgar a los demás por su aspecto o su condición social, proyectando sobre los demás nuestras heridas y complejos, culpándolos de nuestras propias debilidades, creyendo las historias que el ego inventa y se cuenta. Poco a poco empezamos a ver las muchas maneras en que el egoísmo daña a los demás. En ese punto, nos damos cuenta de que debemos purificar nuestro instrumento —es decir, nosotros mismos— antes de que podamos resonar con las verdades de la sabiduría antigua y antes de que podamos ser de verdadera ayuda para los demás.

El despertar aporta consciencia sobre lo que realmente nos hace sufrir y lo que nos trae insatisfacción constante. Al hacerlo, también trascendemos el sesgo del ego. Por lo tanto, la percepción se vuelve extremadamente penetrante. Cuando empiezas a disolver la dualidad de «yo» y «tú», naturalmente surge un «nosotros». Ya no hay dos lados diferentes, el mío y el tuyo. Estamos todos juntos en esto, y se construye y comparte un vínculo fuerte con otros seres humanos, reforzando la compasión hacia todas las criaturas.

Una base sólida de sabiduría y discernimiento debe cultivarse en primer lugar porque el deseo de aliviar el sufrimiento es necesario, pero no suficiente. También tenemos que desarrollar las mejores herramientas para lograrlo. Una naturaleza desinteresada es crucial para hacerte potencialmente útil para los demás. Si todavía estamos atrapados en el egocentrismo, en darnos importancia y en las ambiciones personales, entonces nuestros intereses ocultos interfieren en nuestra voluntad de ayudar. Por eso hay problemas en ONGs y fundaciones caritativas donde la codicia y la corrupción plantean problemas constantes con los administradores, puesto que siguen arrastrados por su obsesión por la riqueza y la vanagloria. Lo que comienza como algo honesto termina dañando a muchas personas involucradas, así como disminuyendo la confianza de otros en instituciones que se supone que son de naturaleza altruista.

Tenemos innumerables ejemplos de áreas donde las personas tratan de ser de ayuda, pero luego caen presa de intereses egocéntricos, empeorando, en lugar de beneficiar, las condiciones de aquellos a quienes se supone que deben servir. Cuando los que reciben esa caridad alimentan la necesidad de autoestima del que da, se crea un círculo vicioso en el que los que dan reducen su respeto por los más necesitados. Es la razón por la que es imperativo trabajar primero en los enredos del ego. Es el mejor camino para asegurar que nuestras acciones siempre sean útiles para otros y no viciadas por artimañas. Es la forma más conveniente de evitar los peligros intrínsecos de aplicar las ideas sobre la compasión a situaciones del mundo real con motivaciones mixtas y heterogéneas desde el principio.

Para progresar a las etapas más altas de sabiduría, hay que entender que nuestra vida no tiene nada que ver con nosotros. En realidad tiene que ver con todos aquellos cuya vida tocamos y con cómo la tocamos. Como dijo el poeta Rumi, tenemos que «salir del círculo del tiempo y pasar al círculo del amor».

Ser compasivo no significa entrometerse en la vida de las personas. Una cosa es tener una conversación con alguien a quien aprecias porque crees (y es solo tu opinión) que se está saliendo del camino, y otra muy diferente es tratar de dirigirle hacia una dirección que realmente no desea tomar. Esto sería actuar desde el ego, creyendo que sabemos mejor lo que otro requiere. Al hacerlo estamos negando su viaje, y también estamos asumiendo que conocemos el resultado y las lecciones que se deben aprender, las experiencias que se deben tener, el valor de esas experiencias y el de su propio camino.

Para continuar con un ejemplo similar, cada vez que tenemos una conversación no deberíamos enfurecer a nuestro compañero al contradecir, juzgar o faltar al respeto a sus convicciones. En cambio, lo mejor es comenzar con su potencial, teniendo en cuenta su nivel de consciencia, y desde ahí deberíamos tratar pacientemente de ir ampliando sus horizontes. Cuando hablamos con compasión, eliminamos cada rastro de animadversión, y en su lugar tratamos a la otra persona con amabilidad, no permitiéndonos caer en la irritación, el escarnio o el menosprecio. Solo la ignorancia pomposa adora presumir, humillar y ganar argumentos para conseguir colgarse medallas imaginadas a expensas del que consideramos adversario. Por tanto, debemos manifestar misericordia y benevolencia en cualquier situación.

La compasión va de la mano del desapego. No nos casamos con nuestra visión con ningún juicio o interferencia. Dejamos a los demás libertad para maniobrar porque, cuando nos aferramos a alguien y tratamos de forzarlo a ir por aquí o por allá por su propio bien, le estamos manipulando, y esa es una acción del ego, y no es por amor ni por prudencia.

La compasión implica honrar —aunque no lo entendamos— lo que alguien está pasando, ya sea ganar el Premio Nobel o morir de cáncer. Implica que respetamos profundamente todas sus decisiones y experiencias. Implica plena confianza, no solo en el plan Divino, sino también en el plan del individuo. El camino nunca es recto, pasa por muchos altibajos, curvas y giros. Nada de esto importa a largo plazo. En el gran esquema de las cosas, todo va de acuerdo con el plan infinito. Todas las estrategias y desvíos aparentes están destinados a llevarnos a una sabiduría más profunda y, al final, a la iluminación. Ese es el destino humano, aun cuando no entendamos o no estemos de acuerdo con lo que consideramos rodeos o errores.

Como señalan los budistas Mahayana, la compasión es una virtud que puede y debe desarrollarse. Si nunca has pasado por sufrimientos, si nunca has presenciado a un niño llorando de hambre, si nunca has visto a una persona muriendo en la desesperación, si nunca has estado junto a una madre sollozando con su hijo muerto en brazos, entonces la compasión es más teórica, no digo que menos genuina.

Por eso no debemos rechazar —ni tratar de evitar— los desafíos que se nos presentan. Tenemos que pasar por momentos difíciles para entender mejor y tener empatía por lo que otros pasan. Sin obstáculos es demasiado fácil pensar que estamos por encima del bien y del mal. Podemos creer que las personas merecen lo que les toca y que nosotros debemos ocuparnos de nuestros asuntos, dejando que se marchiten en su propia miseria y sufrimiento debido a su ignorancia, mientras elegimos mirar a otro lado.

El dalái lama representa un modelo de compasión. Por ejemplo, una vez, al final de una estancia en un hotel de San Francisco, pidió a la dirección que llamara a todos los empleados. Esto implicaba a las personas que cortan verduras en la cocina, los que limpian las alfombras, los que hacen las camas... La gran entrada se llenó de todos los que contribuyen a que un hotel funcione pero que, por lo general, no son reconocidos. Uno a uno, les miró con plena presencia, estrechó la mano de cada persona y les dio las gracias, moviéndose sin prisas, asegurándose de que conectaba con cada uno completamente. Personifica el poder de la compasión que emana a través de la presencia y las acciones.

A medida que aumentamos nuestro nivel de consciencia, reconocemos que todos estamos interconectados y somos parte de una enorme cadena donde los que están por delante ayudan voluntariamente a aquellos hermanos y hermanas que están menos avanzados, de la misma manera que otros nos ayudaron también a nosotros. Nos damos cuenta de que pertenecemos a una sola familia humana y compartimos el planeta con otras criaturas que, aunque estén menos evolucionadas, también son nuestras compañeras y totalmente dignas. Nos convertimos en ejemplos para los demás y en maestros espirituales con nuestras acciones y nuevas formas de ser. Sabemos que no somos entidades aisladas y no tratamos de escapar de las aflicciones de un mundo desquiciado e inmaduro. Somos conscientes de las tribulaciones de la humanidad y admitimos que estamos aquí para ayudar de cualquier manera que podamos.

Todos tenemos la misión de convertirnos en verdaderos Bodhisattvas. Esos seres divinos que, dignos del nirvana, permanecen en el plano humano para guiar a toda la humanidad hacia la liberación final. Es un compromiso lleno de sentido, formalizado en el voto Bodhisattva (que toman los budistas Mahayana) para lograr la iluminación por el bien de todos los seres vivos, cultivando la perfección moral y espiritual al servicio de los demás. Principalmente porque eso dirige nuestra actitud de una manera positiva, proporcionándonos un tremendo impulso en nuestra práctica. Y, finalmente, el efecto del voto es mostrarnos cómo podemos convertirnos en un instrumento de ayuda a los demás en todo lo que hacemos. A medida que la compasión se profundiza, desarrollamos la nobleza del corazón. Así podemos notar cómo respondemos a situaciones difíciles con calma, claridad y equilibrio. Saber que ningún acto de bondad, independientemente de lo pequeño que sea, se desperdicia si se lleva a cabo desde el corazón da una fuerte confianza de que todo lo que hacemos importa. Una tranquila valentía se hace presente, dado que ya no tememos comprometer nuestra propia integridad. Y también conectamos con la alegría que surge del conocimiento de que cada pensamiento, palabra y acción deja una huella. Por lo tanto, son significativos y pueden ser útiles para traer luz al mundo.

CAPÍTULO 19

Ver la perfección en todo

> «Deja de pensar en logros de cualquier tipo. Estás completo aquí y ahora, no necesitas absolutamente nada».
>
> NISARGADATTA MAHARAJ

Es difícil abrirnos a nuestra experiencia de vida tal y como es cuando a menudo sentimos que no cumple con nuestras expectativas de lo que debería ser. A veces pensamos que somos nosotros los que no encajamos en la imagen que tenemos de quienes debemos ser. Tal vez aquellos que amamos no estén a la altura de nuestros ideales, o tal vez pensemos que el estado del mundo es desalentador o extremadamente injusto. La realidad parece contradecir continuamente nuestras ilusiones y esto nos deja una especie de amargura, un anhelo permanente que no se puede saciar, un sentimiento insidioso de insatisfacción. Desde ahí es imposible encontrar serenidad estable. La respuesta no es enfadarnos por lo que no nos gusta ni resistirnos a lo que nos molesta. La sabiduría nace cuando ya no buscamos una vía de escape, cuando aprendemos a sentirnos cómodos con lo que aparece en nuestra puerta.

La verdadera sabiduría llega cuando podemos ver que la vida es un proceso de desarrollo de la perfección, sin un solo error. Por lo tanto, renunciamos a la esperanza de evitar las penas y confusiones de la existencia. El despertar es la comprensión de que no solo no podemos evitarlos, sino que tampoco hay necesidad de evitar nada para tener plenitud. No hay absolutamente nada real que nos bloquee. Lo que parece bloquearnos es que nos imaginamos en el camino hacia algún lugar, una cumbre a alcanzar, una hazaña que debemos lograr. El despertar espiritual no requiere una experiencia nueva y mejor. Es simplemente ver claramente a través de nuestros filtros —sin proyecciones, creencias o interpretaciones— para apreciar que ya somos y tenemos lo que necesitamos. No requerimos nada espectacular, misterioso o radicalmente diferente.

Siempre me ha gustado esta cita del escritor Neale Donald Walsh: «Cuando veas la perfección absoluta en todo —no solo aquellas cosas con las que estás de acuerdo, pero (y tal vez especialmente) aquello con las que no estás de acuerdo— alcanzarás la maestría». ¿Y qué es la iluminación, sino alcanzar el nivel de maestría como seres humanos?

Muy a menudo comprometemos nuestra propia capacidad para vivir las experiencias completa y directamente —sin la pantalla de nuestros conceptos y expectativas— porque queremos que nuestra experiencia sea diferente, deseamos que sea mejor. Tendemos a mantener una resistencia interior frente a lo que es, convencidos de que no es suficiente, de que hay una mejor versión en otro lugar, de que siempre hay un futuro más completo, algún otro sitio en el que estar y otro deseo a perseguir a la vuelta de la esquina. Hay algo que pretender, otra serie de acciones para modificar lo que tenemos ahora, algo más que poseer, otro objeto que adquirir o algunos aspectos de nosotros mismos a mejorar antes de que finalmente podamos respirar y estar a gusto y contentos en el presente. Básicamente, estamos convencidos de que solo nos podemos permitir relajarnos una vez que todo esté en orden, una vez que conquistemos todas las cumbres, una vez que hayamos terminado todos los cursos que pretendíamos hacer, una vez que logremos concluir todos los elementos de nuestra lista, una vez que todos nuestros sueños se hagan realidad, una vez que nuestros ideales hayan sido materializados, una vez que nada quede pendiente.

Si estamos comprometidos con la evolución de nuestra alma, la pura acción no puede ser el tema central de nuestra vida. Pero solemos estar tan ocupados con un sinfín de actividades y tareas, llevando a cabo constantemente una cosa tras otra sin tomarnos el tiempo suficiente para descansar y contemplarlas con una cierta distancia, que detener esta carrera parece una fantasía imposible. Cuando hablo sobre esto con los participantes en mis cursos de *mindfulness*, muchos de ellos señalan rápidamente que no pueden permitirse el lujo de la contemplación debido a las exigencias constantes que tienen en su vida. Algunos incluso afirman que no tienen tiempo para unos pocos minutos diarios de meditación. ¿Es eso cierto? ¿Realmente creemos que estamos llegando a un lugar sano con este tipo de comportamiento? ¿No estamos todos entrando en una especie de delirio colectivo? ¿Creemos seriamente que podemos experimentar un bienestar y un equilibrio estables (por no hablar del despertar) enganchados a una existencia frenética hasta que morimos?

Incluso algo tan útil como la psicoterapia también puede convertirse en un obstáculo para el despertar en algún momento. Una vez que trabajamos en nuestros patrones subconscientes, heridas no curadas, miedos profundos y sentimientos reprimidos para asegurarnos de que no estamos usando el camino espiritual como una forma de evitar los aspectos menos brillantes de la vida, mantenernos enfocados solo en la mejora constante puede reforzar ciertas tendencias inherentes a la personalidad. Podemos terminar atrapados en la falacia de que siempre hay algo mejor que lograr y algo que mejorar para llegar a una mayor satisfacción. Esa obsesión por la mejora constante y el perfeccionamiento puede interferir con la necesidad de soltar y rendirse, que son fundamentales para pasar de lo personal al campo del ser.

La mentalidad de «arreglar» únicamente funciona con asuntos externos y físicos que necesitan una solución directa: una ventana rota necesita ser reemplazada, a un fregadero que no funciona hay que cambiarle la tubería, cuando el coche no arranca es necesario cambiar algunas piezas en el motor... Sin embargo, abordar un problema interior de la misma manera suele tener el efecto contrario, provocando que una parte de nosotros se sienta rechazada o inaceptable, lo que nos lleva a tensarnos.

Es fácil quedarse atrapado en un desarrollo personal sin fin con la falsa premisa de que te hará una mejor persona, más válida, más perfecta. Es caminar por el camino hacia el despertar lo que te hace una persona más auténtica, más humilde, más real, más profunda, más personalmente involucrada en la evolución de la humanidad.

La realidad es que no hay manera de que podamos conseguir estar allí —en la pura unión con la Consciencia luminosa— a menos que estemos completamente aquí (presentes, alegres y satisfechos), donde estamos ahora mismo. Este es un paso crucial que no se puede eludir. Es la gran paradoja.

Cuando vemos la perfección en todo, entonces la quietud surge naturalmente. Cuando aceptamos voluntariamente lo que está ocurriendo ahora, y abandonamos la resistencia a este preciso momento, florece la paz interior. Entonces, ni la presencia ni la ausencia de una persona, condición, lugar o situación pueden afectar al estado de ánimo. Esto no significa que no experimentemos irritación o molestias de vez en cuando, pero esas molestias no duran y no nos afectan profundamente. Empezamos a verlas como pequeñas molestias que ocurren en la superficie, en las olas, mientras que nuestra conciencia permanece firmemente anclada en las profundidades del océano. Por lo tanto, no tiene el poder de angustiarnos. Mantenemos el equilibrio en el interior, donde ninguna tormenta puede realmente agitar nuestra serenidad.

Eso no significa que tengamos que rechazar las experiencias terrenales. Es solo que la participación en ellas se convierte en voluntaria, no obligatoria. ¿Por qué? Porque ya no dependemos de ninguna persona, circunstancia u objeto en particular para sentir felicidad, ni utilizamos nada para justificar la tristeza.

El ser únicamente puede ser revelado en el momento presente, cuando el análisis y la revuelta se detienen. Por lo general, son nuestros conceptos de cómo debe ser nuestra realidad lo que se interpone entre nosotros y la verdadera plenitud. Medir constantemente nuestros estándares con lo que vemos se convierte en un obstáculo para experimentar las cosas como son, sin creer que algo falta. Filtrar

—generalmente de forma inconsciente— nuestras circunstancias de vida a través de la lente de nuestras expectativas nunca conduce a la satisfacción, porque siempre queremos más. En cierto modo, lo que nos impide experimentar la vida de una manera desnuda son nuestros propios pensamientos y creencias de cómo debe ser todo y de cómo los demás deben comportarse con nosotros. Sufrimos cuando pensamos que falta algo en nuestra existencia. Como la vida nunca sigue nuestras reglas, esto nos lleva a una insatisfacción permanente que tratamos de encubrir con más acción, más por conseguir y más placer... Sin darnos cuenta de que este camino solo nos engancha más profundamente en la frustración. No importa cuánto podamos lograr, cuántas personas puedan reconocernos, cuán alto podemos llegar o cuánto podamos poseer, nuestra mente nos seguirá diciendo que no es suficiente. Y lo más triste es que tendemos a creer en nuestros pensamientos en lugar de cuestionarlos cuando nos traen angustia.

Cuando dejamos que la vida aparezca a su antojo, cuando dejamos que la experiencia surja exactamente de la manera en la que lo hace (sin ningún juicio o resistencia por nuestra parte), nuestra atención pasa por un gran cambio, porque ya no necesitamos que las cosas sean diferentes de lo que son para que seamos felices y estemos en armonía. No necesitamos que nada externo (o incluso interno) se modifique para ascender a un terreno más alto. Dejamos de usar el pensamiento y la conceptualización como muletas, el llevar a cabo cada vez más obligaciones como una forma de escape. Dejamos de empujar para subir todas las escaleras disponibles. Solo entonces podremos descubrir la perfección que se abre ante nosotros cada segundo.

Solo hay un principio divino —lo Absoluto— que contiene la potencialidad de todos los seres y de toda la creación (por lo tanto, los opuestos también). También lleva en sí mismo el proceso eterno de desarrollo y perfección, y sobre este proceso se basa toda la evolución. Solo a través del cambio perpetuo y de la integración de los opuestos se puede comprender la realidad. Nada debe ser eliminado; todo tiene un papel en el panorama total. El universo no comete errores. Lo que obtenemos puede no estar alineado con lo que queríamos, pero es exactamente lo que necesitamos. Los acontecimientos del mundo revelan un mosaico que solo puede ser percibido desde la cima de la montaña.

Ver la perfección y la oportunidad en cada coyuntura, en cada circunstancia —aunque sea inesperada—, en cada persona irritante con la que lidiamos, en cada obstáculo con el que nos enfrentamos, en cada giro imprevisto de los acontecimientos requiere una enorme transformación interior. Esto implica conocer la experiencia con simplicidad y curiosidad sinceras, creyendo verdaderamente que la vida nos trae lo que necesitamos en cada ocasión, aunque a veces no parezca ser lo que deseamos. Y, una vez que aparece en nuestra vida, lo tomamos como si fuera de nuestra propia elección.

También se requiere un compromiso serio con el desapego. Tenemos que dejar de hablar de necesidades y dependencias de todo tipo. Podemos tener preferencias, pero, cuando aparece algo sorprendente, algo que no habríamos elegido en primer lugar, lo aceptamos con gracia y sin ninguna resistencia. Renunciamos a cualquier tipo de batalla interior con lo que nos disgusta. Abandonamos nuestras historias sobre lo que es obligatorio para nosotros para poder disfrutar de bienestar. Podemos tener planes, pero no nos aferramos a ellos de una manera desesperada. Podemos tener una visión, podemos construir un camino, podemos actuar en el mundo sin necesidad de escondernos en una cueva en el Himalaya, pero básicamente fluimos. No porque esto sea lo más espiritual, sino porque el rechazo nos conduce a un callejón sin salida y conlleva gran sufrimiento.

Es absurdo luchar contra lo que está sucediendo, porque es una batalla que vamos a perder una y otra vez. La liberación requiere que dejemos de creer que las cosas deben ser diferentes de como realmente son. Jugamos a nuestro favor cuando vamos con la corriente y colaboramos con el universo. Nos mantiene equilibrados, alerta y con claridad, porque ya no tenemos que engañarnos ni distraernos para angustiarnos menos. Lo que pase está bien para nosotros. Lo que aparece es solo un punto de partida, una oportunidad para aprender, un paso en nuestro camino. Ya nada está mal o es inadecuado. Nadie tiene el poder de perturbar nuestra serenidad interior. Ninguna circunstancia se considera fuera de lugar porque hemos asimilado que todo sucede por una razón. Los acontecimientos no nos suceden a nosotros, sino para nosotros. Cada situación es entonces correcta e indispensable para completar el puzle de nuestra experiencia. Es como un trazo obligatorio de color en nuestro lienzo de vida. Tal vez no seamos capaces de percibir el sentido total de los tonos más oscuros en este momento, pero, una vez que la pintura está completa, confirmaremos que todo era fundamental para que se convirtiera en una obra de arte excepcional.

También significa que nada se adelanta a su tiempo, nunca sucede nada fuera de lugar, y, por tanto, no ocurrirá nada que no esté destinado a hacerlo. Todo sucede exactamente en el momento adecuado, en el instante perfecto, ni demasiado pronto ni demasiado tarde. No hay juicio legítimo para cuestionar la perfección del plan infinito. Los únicos elementos que debemos seguir cuestionando son nuestros propios pensamientos, nuestra perspectiva sesgada, las ideas arraigadas de cómo debe ser el mundo y cómo la gente debe relacionarse con nosotros para que podamos estar en paz para siempre.

Por lo general estamos atrapados en una burbuja, imaginando que nuestros sentimientos, actitudes y conceptos son un retrato preciso de la realidad. No nos damos cuenta de que la consciencia se ve empañada por la identificación inconsciente con imágenes propias, con el diálogo interno, con emociones conflictivas, con reacciones automáticas y patrones de pensamiento recurrentes. Esto es lo que nos separa de la realización: permanecer tan atrapados en el enredado lío de nuestros pensamientos y teorías recurrentes sobre cómo debe funcionar el mundo, los trucos de la mente condicionada y la personalidad, que no nos permitimos vivir las experiencias con apertura y presencia. Por lo tanto, las perdemos y nos perdemos en los delirios que nuestra mente sigue fabricando sin parar. Afortunadamente, tenemos la llave para salir de nuestras viejas jaulas y salir libremente volando hacia el cielo.

Llega un momento en el que ya no necesitas decorar la jaula tan profusamente para olvidar que estás atrapado en ella. Llega un momento en que no quieres adquirir oro para pintar las barras de hierro que te mantienen prisionero con el fin de mantener la impresión de opulencia en la cárcel. Llega un momento en el que puedes contemplar el juego con transparencia porque ves a través de la ilusión colectiva, de las mentiras que te han inculcado y de tu propio sesgo mental. Es justo entonces cuando te das cuenta de que solo se necesita un cambio de mentalidad, una transformación radical de perspectiva para salir de la jaula y entrar en la infinidad absoluta de la Consciencia. Nada ni nadie puede retenernos prisioneros excepto nosotros mismos.

A la luz de lo que acabamos de mencionar, podemos entender por qué la posibilidad de fundirse en la Consciencia pura sigue esquivándonos. Mientras creamos que hay un objetivo por lograr haciendo algo —cambiando aspectos poco atractivos de nosotros mismos, modificando elementos decepcionantes de nuestra vida o modificando los errores de nuestro mundo—, la unidad permanecerá fuera de nuestro alcance.

El despertar solo se puede materializar a través del ser, a través del anclaje en el ahora, donde podemos conectar con un sentido más pleno de presencia, con un poderoso sentimiento de quietud, aceptación y alegría.

CAPÍTULO 20

El servicio: convertirse en un instrumento de la evolución

> «Señor, hazme un instrumento de tu paz.
> Donde haya odio, déjame sembrar el amor.
> Donde haya perjuicios, permíteme sembrar perdón.
> Donde haya dudas, permíteme sembrar la fe.
> Donde haya desesperación, permíteme dar esperanza.
> Donde haya tristeza, permíteme dar alegría.
> Oh, Maestro, concédeme no buscar tanto la compasión, sino ofrecerla».
>
> San Francisco de Asís, *Oración de paz*

Uno de los elementos que ha sido crucial en mi propio camino de crecimiento fue la capacidad de rendirme a la vida. Me llevó muchos años de práctica espiritual llegar al punto en el que pude aceptar completamente —sin ninguna condición— lo que el universo había planeado para mí y lo que venía sin resistencia, expectativas ni quejas. Ciertamente no fue nada fácil. Estamos tan apegados a nuestros propios ideales y planes que abrazar todos y cada uno de los aspectos de la realidad (especialmente el que, cuando aparece, contradice lo que querías) es muy difícil. Queremos las cosas en nuestros términos, pretendemos que la vida se ajuste a nuestros designios, estamos seguros de saber lo que requerimos y cuándo. Estamos tan centrados en nosotros mismos y en nuestras necesidades y objetivos que la idea misma de dedicar tu vida a los demás parece bastante descabellada. Sin embargo, el altruismo y el servicio son claves fundamentales para acceder a las etapas más altas de la consciencia. Como dijo Martin Luther King una vez: «Todo el mundo puede ser grande porque todos pueden servir. Ni siquiera tienes que hacer que tus sujetos y verbos se pongan de acuerdo para servir. Solo necesitas un corazón lleno de gracia». En realidad, la gracia surge cuando actuamos con otros en nombre del resto del mundo.

El servicio revela el camino de la realización del bien común. No hay rituales inútiles, palabras pomposas o creencias particulares involucradas, solo cooperación y asistencia a la humanidad. Es una actitud, no una estrategia ni un deber religioso. No hay expectativas asociadas, ni necesidad de devolución. Tampoco se espera el aplauso. Está relacionado con el propósito de la vida, y debemos admitir que tiene sentido por sí mismo. Un solo acto de bondad puede conllevar una larga trayectoria y extenderse a personas que nunca conoceremos o veremos. La mayoría de las veces incluso produce un efecto dominó, aunque no se pueda ver el impacto de la propia benevolencia. Solo mantenemos esa actitud y forma de ser porque se ha convertido en una segunda naturaleza para nosotros, porque esa es nuestra elección de vida, porque ya no concebimos vivir, actuar y pensar de manera diferente. Como escribía Dolores Cannon:

> «La humanidad está en un momento en el que se necesitan muchos servidores. No todo el mundo sirve del mismo modo ni es consciente de ello. Hay muchas personas que no son conscientes de todas las vidas que han tocado con su buen trabajo, con sus buenas palabras, con su buena voluntad y sus acciones. Todas las acciones de todas las personas son importantes».

Nos ofrecemos como voluntarios para contribuir a la maravillosa tarea de difundir la paz, la compasión y la armonía dondequiera que estemos, dondequiera que vayamos. Humildemente aceptamos convertirnos en un instrumento, renunciando a la absurda noción de que somos capitanes de otras personas, triunfadores para mostrar nuestro éxito, alguien superior debido a algún logro menor o un talento que poseemos. Simplemente ofrecemos quienes somos, lo que tenemos, lo que pensamos, lo que expresamos y lo que hacemos en beneficio de los demás. Lo hacemos dándonos cuenta de que somos un vehículo para algo más grande de lo que podríamos llegar a ser individualmente, y que nuestro trabajo es purificar ese canal —nosotros mismos— para ser capaces de contribuir a lo que el mundo necesite en cada momento, sin noción alguna o plan preconcebido por nuestra parte. De alguna manera, nos convertimos en catalizadores y sentimos que nuestra vida ya no nos pertenece, ni tampoco nuestras aspiraciones y deseos individuales. Esto no se hace a través del sacrificio, el dolor o el martirio. Se hace como un desbordamiento natural del corazón, con alegría. Recordemos que lo que realmente importa no es nuestra acción, sino nuestro ser, la energía que emanamos, la energía que somos, la intención que ponemos. Contrariamente a lo que tendemos a pensar, no es lo que hacemos sino lo que somos lo que se convierte realmente en la fuente de la verdadera transformación. Por eso es de suma importancia que lleguemos a los niveles superiores de desarrollo, porque, una vez que hemos renunciado a nuestros intereses personales y a la necesidad de tener éxito a los ojos del mundo, podemos llegar a ser verdaderamente beneficiosos simplemente a través de nuestra presencia sanadora en este planeta.

Las experiencias encienden el amor o agudizan el odio. ¿Quién será el primero en tirar una piedra? Probablemente el que odia. Solo trabajando en beneficio del mundo se producirá el equilibrio que desesperadamente necesitamos a nivel individual y colectivo, al derramar magnanimidad y comprensión desde el Infinito al mismo tiempo.

Finalmente, entiendes que las grandes cosas se pueden hacer a través de ti, no por ti, gracias a que ya no estás guiado por tus objetivos particulares. No es para nada forzado, es más una renuncia voluntaria a algo que consideras inútil e infantil. Es un paso espontáneo en el camino espiritual. El altruismo y la benevolencia purifican secretamente el corazón y traen paz al mundo. Contribuir voluntariamente al plan infinito es la manera de superar las limitaciones de ego y expandirnos y fundirnos en el Todo.

Ofrecerse para ser de beneficio significa estar vacío de uno mismo (del ego y de todos los apegos que lo acompañan) para servir realmente como un receptáculo de ayuda, un canal de luz en un mundo de oscuridad y sufrimiento. Cultivar una mente imparcial y un amor incondicional por la humanidad constituye hoy en día el fundamento necesario para una transformación global. La acción correcta solo se puede hacer desde esta base. La sabiduría y el valor nos ayudan a comprender la responsabilidad que tenemos por el bienestar de toda la humanidad.

La nueva humanidad será creada por individuos que han modificado su motivación, dejando atrás las obsesiones materiales y egocéntricas, centrándose en beneficiar al conjunto. Nos enfrentamos a un mundo cuyo destino aún no está resuelto. Solo convirtiéndonos en una fuerza individual para el bien podremos construir un planeta donde todo el mundo sea considerado un igual, donde la paz pueda florecer, donde cada ser sea visto como digno.

Hay una asana (posición) en yoga que a veces se llama «el guerrero rendido» y que simboliza a la perfección el movimiento interior que uno necesita hacer para lograr la iluminación. Renunciar y soltar completamente tus planes personales y ambiciones individuales para ayudar mejor al destino colectivo, a la evolución de la humanidad. La raza humana tiene que pasar por una transformación trascendente de un nivel de adolescencia (donde estamos como especie) a la edad adulta. Aún no hemos culminado como especie; somos una obra en proceso continuo, un producto inacabado. Pero el avance solo se puede hacer a través de la sabiduría real, y esto implica comprender e integrar que todos somos UNO. Sin un compromiso con las necesidades y el avance de nuestros hermanos y hermanas no podremos ir muy lejos. Sin darnos cuenta de que nuestra contribución al conjunto es de extrema importancia, no existe un desarrollo interior. Sin cambiar nuestra motivación del egocentrismo a la generosidad, encontraremos un callejón sin salida en nuestro camino. Logramos la evolución individual cuando participamos activamente en la evolución global. No hay atajos en este aspecto.

Cada pensamiento heroico y altruista ya es una semilla para el mundo futuro. No es algo solo para los grandes maestros, sino que cada individuo puede convertirse en un constructor del bien en el mundo. Cada acción tiene consecuencias, y por lo general hay resultados multiformes de cada acción, incluso aunque sea imposible percibirlos a nuestro nivel. Si tuviéramos que presenciar cada una de las repercusiones, quedaríamos aturdidos. Solo a través de la ampliación de la consciencia se puede conseguir un horizonte más amplio. A pesar de la agitación que presenciamos, a pesar de las muchas injusticias, a pesar de los pisoteos de la dignidad humana, podemos preservar la compasión y el amor por la humanidad aumentando nuestro nivel de consciencia.

Siempre me ha sorprendido la paciencia inagotable y la profunda compasión de los grandes maestros. A través de eones incalculables de tiempo han aceptado las encarnaciones más opresivas y difíciles con el fin de elevar la conciencia de una humanidad desagradecida que ha perseguido y crucificado a sus libertadores y maestros constantemente y en todos los sentidos. Solo espero que esto cambie en la próxima era.

El servicio no es algo forzado desde el exterior. De forma natural, llegas a un punto en el que luchar para lograr tus ambiciones ya no te motiva. Por supuesto, aún tienes que ganarte la vida y ser autónomo (la pasividad y convertirte en una carga para los demás no es una opción saludable). Pero ya no estás obnubilado por la supervivencia, los impulsos del cuerpo, la creación de seguridad material, planear cómo usar a los demás para tus propios fines ni por asegurarte el amor y el aprecio de los demás. Estas preocupaciones tan comúnmente compartidas se disuelven, y te centras en cómo puedes contribuir. Primero debes sanarte y limpiarte, para no manchar nada. Sigues cumpliendo con tus deberes y tareas diarias, pero no consumen ni tu tiempo ni tu energía.

Podemos ver la evolución del universo como una sinfonía. En el concierto en curso hay muchos instrumentos, y cada uno es sagrado. Cada uno tiene su música única. Cada uno contribuye a la sinfonía con una textura particular y una profundidad de sonido, y todos los instrumentos participan en una interpretación común. Ningún instrumento puede pretender ser la música misma, ya que cada uno necesita inclinarse ante el director de la orquesta y seguir sus instrucciones y guía. Cada uno es digno por sí mismo, pero no es importante solo y aislado. Hay una íntima colaboración de todos los músicos porque son conscientes de que lo único que importa es la obra de arte común. Cada uno está llamado a la excelencia por el bien de todos. Cada uno está obligado a tocar su instrumento lo mejor que pueda. Cada uno sabe que su trabajo solo tiene sentido dentro de la unidad. Cada uno encuentra sentido y propósito contribuyendo al todo. Nadie pretende ser una estrella solitaria. Cada chispa se suma al brillo final, a la sinfonía mágica, a la obra maestra definitiva. Esto es exactamente lo que estamos llamados a hacer también aquí en la Tierra. Entendiendo que solo somos piezas de un rompecabezas, células del mismo organismo sagrado, gotas del mismo océano, estrellas en la misma constelación. Para completar la obra maestra, el universo requiere nuestra contribución y cooperación únicas. La gran mística santa Teresa lo expresó muy bien:

> «Cristo no tiene cuerpo, sino el tuyo,
> no tiene manos, o pies en la tierra, sino los tuyos,
> tuyos son los ojos con los que ve la compasión en este mundo,
> tuyos son los pies con los que camina para hacer el bien,
> tuyas son las manos con las que bendice a todo el mundo.
> Tuyas son las manos, tuyos son los pies, tuyos son los ojos, tú eres su cuerpo».

CAPÍTULO 21

Ser consciente

> «Lleva a cabo cada acto de tu vida como si fuera el último acto de tu vida».
>
> MARCO AURELIO

La gente sabia es muy consciente. Prestan atención a lo que puede no estar funcionando adecuadamente o importunando la armonía de su vida. En lugar de culpar a otros o a las circunstancias externas por los problemas que aparecen, están interesados en entender en profundidad las raíces y oportunidades ocultas para su propio desarrollo. No evitan la incertidumbre o el malestar, ya que es parte del crecimiento. Todos estamos diseñados para volver gradualmente a la perfección, pero los medios para lograrlo y progresar hacia la trascendencia nunca son directos o sin dolor.

Los humanos hemos heredado un sistema cerebral preparado para la supervivencia en un planeta lleno de depredadores y amenazas que ya no es nuestro, pero todavía sentimos esas emociones intensas y fuertes: miedo, ira, odio, lujuria, codicia, celos, envidia... Estamos diseñados para defendernos de los peligros inmediatos, pero ahora esos mecanismos nos meten en grandes problemas. A menos que entrenemos nuestra mente para no caer presa de ellos y reaccionemos automáticamente de maneras perniciosas, seguiremos creando mucho sufrimiento.

Nos han lavado el cerebro sobre la necesidad de estar constantemente activos, y por ello seguimos empujándonos cada vez más duro, en un intento de controlar el flujo de la vida, hacer que las cosas sucedan y sentirnos orgullosos de nuestros logros. Por lo tanto, luchamos sin parar. Así es imposible sentirse en paz. Estamos desalineados con nuestra existencia. No podemos conectar con nuestra esencia ni con la quietud interior y la alegría. Nos quedamos atrapados fácilmente en la carrera, tratando de encontrar fuentes externas para saciar nuestra sed y calmar nuestra ansiedad. Este es uno de los mayores desafíos de nuestra época. El precio para tratar de controlar la realidad a través del pensamiento y la voluntad es la sensación inquietante de angustia vital y estrés pernicioso.

En el fondo, todo está bien. Podemos encontrar la paz, la armonía y la plenitud que anhelamos. Pero únicamente podemos acceder a ellas cuando dejamos de pensar, analizar, preocuparnos, estar resentidos, seguir comparándonos y actuar compulsivamente. La llave mágica solo puede encontrarse en el silencio y la quietud.

Por otra parte, mantener las emociones a distancia conlleva estar en guerra con ellas. No podremos mantenerlas fuera permanentemente, pues terminan manifestándose en nuestro cuerpo como dolores, tensión o quizás como un ánimo bajo, cansancio o apatía. Reprimir las emociones no es saludable. Ser capaces de observarnos a nosotros mismos es el primer paso para liberarnos de impulsos negativos y emociones dañinas. A medida que practicamos detenernos a observar los propios pensamientos desde fuera, comenzamos a distanciarnos de ellos en lugar de identificarnos con todo lo que la mente fabrica. Esto puede llevar a una reflexión necesaria sobre las consecuencias de nuestras acciones, las reacciones habituales en las que nos quedamos enganchados, y las fantasías y delirios que alimentamos incluso si sabemos que son tóxicos. Solo contemplándolos con transparencia y honestidad podemos obtener la clave para cambiar y elegir. Hasta que no lo hagamos, seremos meras marionetas de nuestro pasado y de nuestro condicionamiento. Además, es lo que nos permite iniciar un proceso continuado de desidentificación con nuestras ideas egocéntricas, creencias, conceptos y personalidad, y dejar de percibirnos como una entidad separada y aislada en un universo lleno de otras entidades independientes. De esta manera, nos volvemos más conscientes sobre cómo creamos nuestras propias experiencias a través de los propios pensamientos, sentimientos y sensaciones. Al hacerlo, asumimos nuestra responsabilidad y podemos discernir, en lugar de reaccionar con compulsiones arraigadas. Estar equilibrados, centrados y en un estado de claridad nos permite asumir la responsabilidad de todas las emociones que tenemos. En última instancia, la vida no se trata de tener razón; se trata de ser libre y estar en paz. Cuando soltamos viejas respuestas emocionales que se han convertido en un estilo de vida, nos liberamos de cargas que ya no nos pertenecen.

No nos damos cuenta hasta qué punto somos predecibles, estamos atados a nuestros hábitos y reacciones automáticas, condicionados por nuestra cultura y entorno, adormecidos y demasiado perezosos para que nos importe. Al correr a todos lados y llenar cada minuto de nuestro día nos aseguramos de que no haya tiempo para cuestionarnos, no dejamos espacio para equilibrarnos, ni para la contemplación o el silencio. Actuamos como autómatas y seguimos como siempre. Asumimos que más es mejor, en cada aspecto de nuestra existencia. Parece que estamos atrapados en una carrera que no nos lleva a ninguna parte. Pero seguimos corriendo, por si acaso.

Nuestra vida está llena de posibilidades, y nos ofrece la oportunidad de tomar decisiones con estas posibilidades. El filósofo Heidegger dijo que «cuando no nos enfrentamos a nuestra condición existencial, volvemos a hacer tareas, a la inautenticidad mundana». Es crucial reconocer nuestro corto tiempo aquí, porque nos obliga a apreciar nuestras limitaciones y nos permite sumergirnos en el presente, sin posponer y sin surfear en la superficie, viviendo al máximo. Y también nos hace responsables, sin tratar de encontrar excusas. Somos responsables de lo que somos y de en quién nos estamos convirtiendo, de cómo tratamos a las personas y lidiamos con los acontecimientos, de nuestros pensamientos y sentimientos y, de alguna manera, de cómo es el mundo. Como somos parte de este mundo, nuestras palabras y acciones están afectando continuamente nuestro entorno, a las personas con las que estamos en contacto, pero también a la humanidad y a nuestro planeta de forma invisible a nuestros ojos físicos. Sin este tipo de consciencia y compromiso, no ascenderemos en la escalera de conciencia.

Como hemos visto, progresar en el camino no consiste en bloquear lo que no nos gusta o lo que nos molesta. Si lo hacemos, solo lo reprimiremos, y desde nuestro inconsciente seguirá regresando con diferentes disfraces. Las estrategias que usamos comúnmente cuando hay acontecimientos externos que nos disgustan o son desagradables (es decir, evitarlos y tratar de huir de ellos a toda costa) no funcionan con hechos internos. Alejar recuerdos dolorosos o emociones molestas no hace que desaparezcan, solo los refuerza.

Tampoco hablamos de apegarnos a nuestros deseos y adicciones para escapar de lo desagradable y las dificultades de la vida, porque hacerlo nos mantendrá prisioneros de nuestros propios escollos. Funciona cuando somos capaces de verlo todo sin filtros ni sesgos y lo dejamos pasar a medida que llega, como nubes que transitan un cielo azul y despejado. No hay necesidad de resistir, no hay necesidad de agarrarse. Con el entrenamiento, los pensamientos, emociones, impulsos y temores pierden su control sobre nosotros. Nos convertimos en testigos de nuestra propia realidad interior y exterior, y podemos llevar las riendas de nuestra existencia.

El desapego nos proporciona libertad, pues nos permite mantener una actitud de total implicación y compromiso con el camino de la evolución interior sin preocuparnos por el resultado. Como hemos visto, el ego está hechizado por el pasado en forma de miedos, creencias, arrepentimientos o anhelos, o preocupado por el futuro y lo que pueda suceder fuera de nuestro control. El intento de apego y de encontrar seguridad termina en frustración y decepción porque procede del miedo, y esto nos conduce a la ansiedad y la preocupación continua, perdiéndonos en el camino la oportunidad de ir más allá.

El proceso de desidentificación con el ego no significa que tengamos que rechazarlo. Estamos hablando aquí de trascendenderlo, integrándolo con todos los aspectos de nosotros mismos. Es así como podremos sentir nuestra verdadera identidad transpersonal. El ego es solo una porción ínfima de nuestro yo verdadero que incluye lo físico y lo material, pero también la misma energía universal y fuerza vital que compone toda Consciencia universal. Sin un ejercicio continuo de atención plena, no podemos ir más allá de nuestro razonamiento y mente discursiva, con su predilección por el flujo incesante de pensamientos.

Cultivar el *mindfulness* en cada instante es lo que nos conduce al momento presente. Ser conscientes de lo que está pasando exactamente —sin prejuicios y proyecciones personales que distorsionen la realidad y sesguen nuestro juicio— es lo que nos puede liberar de las reacciones mecánicas. No significa que las personas sabias no tengan impulsos, sino que sus acciones no provienen de emociones negativas automáticas. Su comportamiento siempre está motivado por la consciencia presente, la aceptación, la bondad y la alegría tranquila. El despertar lo cambia todo. La principal motivación no es ya no causar ni evitar el sufrimiento, sino aportar serenidad y dicha.

El *mindfulness* tiene que ver con la capacidad de aceptarse a uno mismo sin ningún juicio, así como la situación actual e incluso cómo uno se siente al respecto. La aceptación de la realidad no implica necesariamente que la aprobemos. Simplemente no nos engañamos, no nos resistimos, no nos aferramos ni la distorsionamos. Es la mejor manera de ver la realidad tan claramente como sea posible, interceptando la distorsión de los propios juicios. La aceptación nos permite ser como el agua, fluyendo río abajo, encontrando su camino a través de valles y montañas por igual, ascendiendo a las nubes cuando las condiciones son adecuadas y luego volviendo a la tierra de nuevo, adaptándonos a las circunstancias climáticas, sin mostrar oposición alguna. Es más sabio ser como el agua, aprender a soltar y cooperar con la forma en que se presentan las circunstancias, que intentar infructuosamente resistirse a la forma en la que la realidad se manifiesta. Podemos mantener nuestros deberes y, al mismo tiempo, abandonar el egocentrismo, el apego y las obsesiones que solíamos abrazar como parte de nosotros. Del mismo modo, cuando nos hacemos responsables de todo lo que existe en nuestro interior, podemos gestionarlo sin sentirnos víctimas. Es necesario entrar en el silencio interior y aceptar las cosas tal como son. Al aceptar que todo completa su propio ciclo y tiene su propio desarrollo, incluyendo nuestras personas más cercanas, nos volvemos libres y las liberamos también.

Por supuesto, se necesita mucho tiempo, quizás toda una vida, para deshacerse de algunos aspectos de nosotros mismos, como las creencias. Lo crucial es no identificarse rígidamente con ellas. Las creencias temporales son necesarias para hacer un mapa del mundo, pero siempre deben estar sujetas a revisión. Mantener la mente abierta y estar presentes, dejando todas nuestras teorías sobre la realidad a un lado, es lo que nos permite tener la experiencia directa, una puerta imprescindible a la consciencia.

Por lo tanto, situarse en la autopista hacia los niveles más altos de desarrollo humano requiere un compromiso fervoroso con las prácticas experienciales, tal y como las tradiciones espirituales de todo el mundo nos han enseñado. Estos métodos aspiran a calmar la mente para poder percibir directamente. Acallan el diálogo interno, eliminando falsas creencias, disolviendo la importancia de lo personal y entrenándonos para que centremos la atención en la esencia silenciosa que no necesita más interpretaciones sobre el mundo. Cualquier forma de contemplación y meditación que nos ayude a ejercitar esto es de vital importancia.

Los libros y enseñanzas profundas nos sirven como indicadores y guías hacia el camino correcto. Contar con el consejo de otros que ya han caminado por el sendero y amablemente se detuvieron a dibujar un mapa puede ser de gran ayuda para los que vienen después. Por mi parte, estoy muy agradecida a algunos maestros que me mostraron el camino. Su viaje y el trabajo que compartieron generosamente han demostrado ser fundamentales en mi propio viaje interior. Por desgracia, este es un camino tan poco común y tan duro que, sin las rutas que los más avanzados han dibujado, sería casi imposible de transitar para el resto de nosotros.

Sin embargo, simplemente leer y teorizar sobre el camino no nos llevará demasiado lejos. Ciertamente nos permite tener algunos atisbos de lo que significa residir en la consciencia pura, pero no podemos esperar que nos lleve al destino final de percepción directa.

Lo que nos permite ver a través de la charla de la mente y sus ideas no es un simple truco de cambio de punto de vista a este estado de consciencia mayor. Se trata de un enorme desafío, de hacer algo que no hemos hecho nunca antes, y las herramientas habituales que hemos empleado para sobrevivir y avanzar en la vida no son de mucha utilidad. Es difícil elevarnos a un cierto nivel de consciencia cuando no sabemos dónde está ese nivel. Requiere tal salto de perspectiva vital que puede llevar muchos años (e incluso muchas vidas, como señalan los budistas) de trabajo interior para poder liberarse del equipaje condicionado y cruzar ese umbral.

Por lo general, comienza con destellos efímeros. No duran, pero nos permiten experimentar de primera mano aquello de lo que los místicos, yoguis y sabios han hablado siempre. También actúan como pistas para saber por dónde ha de evolucionar nuestra conciencia en el futuro, si así lo deseamos. Abren nuestro corazón y nuestra mente simultáneamente a un mundo completamente nuevo para el que las palabras se quedan cortas cuando tratamos de describirlo con el lenguaje, incluso a nosotros mismos. Es inefable, está más allá de las palabras y los conceptos. A medida que practicamos conscientemente, esos momentos se hacen más largos y aparecen más a menudo, hasta que un día, sin buscar ninguna experiencia cumbre ni nada en particular, se convierten en nuestro estado normal.

Como analizamos en un capítulo anterior, la meditación es definitivamente un punto de entrada esencial, porque facilita abandonar el diálogo interno continuo y la interpretación sin fin de lo sucedido, lo que está sucediendo y lo que podría suceder. Permite estar en contacto con una forma diferente de relacionarnos con la realidad, y así descubrir algunas de las diferentes capas que existen, advertir algunas dimensiones adicionales que están presentes, aunque sean totalmente desconocidas y permanezcan ocultas para la mente no entrenada. La percepción se vuelve mucho más sutil y uno realmente entiende —a través de la experiencia personal— que la mente racional es solo una herramienta, pero tenemos muchas otras disponibles.

No obstante, los estados meditativos y el aumento de la percepción no son importantes en sí mismos. La meditación es una manera de calmar la mente para poder practicar todo el día dondequiera que estemos, dondequiera que vayamos, observando los propios pensamientos, las propias compulsiones, y luego soltándolos. Si aspiramos a despertar, tenemos que estar anclados en el aquí y ahora, y liberarnos de la identificación con las condiciones cambiantes del mundo, con nuestra propia historia, pensamientos y creencias; descansando en esa consciencia pacífica que abarca a todos y a todo. Esto, por supuesto, implica un profundo cambio de identidad de los innumerables estados condicionados y temporales a la consciencia incondicional. Como el maestro indio advaita Sri Nisargadatta explicó una vez: «Veo, oigo y saboreo como tú, siento hambre y sed; si el almuerzo no se sirve a tiempo, incluso la impaciencia surgirá. Todo esto lo percibo claramente, pero, de alguna manera, no estoy en ello. Incluso cuando surjan enfermedades y la muerte de este cuerpo, no tendrán nada que ver con quien soy». Es decir, el avance no es hacia no sentir nada ni convertirse en un pedazo de cemento, se trata de tener un cambio de identidad. Y es imposible hacerlo sin ser muy conciente y estar presente en el ahora.

Tengamos en cuenta que llegar a las etapas más altas de la sabiduría no es fácil. En un mundo obsesionado con los resultados inmediatos y las soluciones rápidas, vamos en contra de la marea con la advertencia de que esto requiere un foco constante, muchas renuncias, grandes dosis de energía y resiliencia, disciplina interior, perseverancia, determinación y compromiso para trabajar en uno mismo y plantar semillas bienintencionadas dondequiera que vayamos. El maestro espiritual Ram Dass lo describió muy sucintamente: «Podrías haber esperado que la iluminación viniera de forma instantánea y permanente. Es poco probable. Tras la primera experiencia profunda, lo que puedes considerar es que las nubes se han aligerado». Nuestra naturaleza inferior y las compulsiones del ego actúan como un peso que nos tira hacia abajo y hace que sea muy difícil elevarse por encima. Caminar por una senda espiritual requiere un gran esfuerzo hasta que se vuelve fluido y fácil, y debemos ser conscientes de ello.

A pesar de todas las dificultades y obstáculos, si continúas en un camino espiritual genuino, al final te encontrarás un punto en el que ya no buscarás, simplemente serás. Tu mente estará tan llena de compasión, satisfacción, gratitud, expansión, presencia y paz que estas cualidades actuarán como los transmisores de tu alma. El sueño de los alquimistas a través de la historia tendrá lugar en ti. Te darás cuenta de que eres todo eso a lo que aspiras. Eres la consciencia misma y, además, todo es parte de ella. Con tu renovada visión, todo se convierte en una imagen evolutiva de la perfección que se recrea a sí misma a través de cada criatura en este universo y en todos los universos. Todo parece mágico, significativo, amoroso y completo... porque encarnas la gracia. Y, así, el viaje continúa.

Agradecimientos

Escribir este libro fue más difícil de lo que pensaba y más gratificante de lo que jamás podría haber imaginado. Todo comenzó en el desierto de Gobi, mientras viajaba por Mongolia. La revelación llegó muy claramente, y el libro tenía que ser escrito en inglés para hacerlo accesible a un mayor número de personas. Ha sido un camino largo y sinuoso. La experiencia ha supuesto un enorme desafío interno y, al mismo tiempo, una gran satisfacción. Sin la guía, inspiración y apoyo incondicional de mis Maestros y Guías espirituales, este libro no existiría. Ellos son el fundamento para llevar a cabo mi misión en este mundo.

Estoy eternamente agradecida a mi extraordinaria pareja por su inquebrantable apoyo y amor incondicional. Su presencia es una fuente continua de alegría, bondad e inspiración. Compartir una perspectiva transcendental, la visión espiritual y esta vida con él es el mejor regalo que jamás habría podido recibir.

Mi obra no hubiera sido posible sin mis padres. Fui bendecida con unos padres increíbles que me apoyaron en cada lucha y en cada éxito. Me enseñaron a ser valiente y me animaron a mantener mi idiosincrasia sin temer no ser aceptada. Nunca podré agradecerles lo suficiente todo lo que han hecho tan generosamente por mí.

También me gustaría agradecer a todos los admirables seres espirituales que se encarnaron en la Tierra y dedicaron desinteresadamente su vida a enseñar el camino hacia la iluminación, teniendo que sufrir rechazo, persecución y ostracismo. Sus huellas siempre estarán con nosotros. Sin su ejemplo y sabiduría, no habría podido aprender, integrar y compartir lo que más importa: desarrollarte a ti mismo para reunirte con la Consciencia Universal. Mi gratitud hacia ellos es inconmensurable.